電子書籍は本の夢を見るか

本の未来と印刷の行方

中西秀彦

印刷学会出版部

はじめに

電子書籍は紙の本に似ている。いや似せて作られている。ページこそ、紙ではなくて画面だが、それ以外はまったく同じだ。文字が律儀に並び、一ページ読み終わらないと次のページに進めないし、ノンブルや柱までうってあったりする。本当に紙の本そっくりだ。これは当たり前と言えば当たり前だ。多くの電子書籍は今でも紙の本をスキャニングしてそれぞれのページを画像として提供しているだけだし、そうでなくとも、紙の本を作るときにデータを流用してつくられているからだ。

つまるところ、電子書籍は紙の本の偽物でしかない。紙の本の劣化コピーというわけだ。電子書籍だからほしいのではなく、紙の本をそのままほしいところだが、場所を取るし、紛失の危険性もあるのでやむなく電子的にコピー転写する。貯蔵のためのマイクロフィルムと同じ使い方である。積極的な理由を見つければ、旅先などで何冊も紙の本を運ぶのは重いから一つの画面で済む電子書籍を選ぶということもなくはない。もちろん、紙の本より値段が安いという最大の利点も存在理由と言えなくもない。それでも本当は紙の本がほしいけれど、種々の事情でやむなく電子で読まざるをえないから電子書籍という形態をとっているにすぎないのだ。

だから、電子書籍は本に似ていれば似ているほど、賞賛される。初期の電子書籍にはページをめくるにつれ、紙の擦れる音が出たり、紙の裏が透けて見えるという演出をほどこしたものすらあった。つまり電子書籍は本の夢を見ている。本になりたいけれど、なりきれない電子書籍はいつも「いつになったら本になれるのだろう」と嘆息しているかのようだ。

しかし、電子書籍は実は本の夢を見る必要などないのだ。全然別の物なのだから。新しいメディアが出てきたとき、新しいコンテンツはすぐには出てこない。しばらくは新しいメディアに旧来のコンテンツを載せるだけだ。テレビが出始めたころ、コンテンツの中心は映画だったり、演劇だったりした。テレビドラマも出現当時はビデオテープがなく生放送でしかできなかった上に、狭いスタジオ内の撮影に限られたということもあって、限りなく演劇に近かった。やがて、テレビ独自の演出が考えられ、バラエティーショーといったテレビ独特のコンテンツを産んでいくことになる。これはなにもテレビのような新しいメディアに限った話ではない。古いところでは、印刷の発明がそうだ。グーテンベルクが最初に作ったという四十二行聖書は羊皮紙に手書きの聖書に似せて作られていた。しかしこれも五十年後の「ニュルンベルグ年代記」のころには今と変わりないページ構成になっている。

電子書籍はこの、メディアは新しくなったけれど、それに向くコンテンツが現れていない状態にある。これから電子書籍独自のコンテンツが産まれてくるだろう。それがどんなものかは私にはわからないが、たぶん今で言う「本」という範疇でくくられるようなものではないだろう。むしろＷｅｂページやデータベースに近いものではないか。インターネット上の百科事典Wikipediaを電子書籍とは誰も言わない。あくまでもＷｅｂページコンテンツだ。しかし、その機能は紙の百科事典そのものである。

それ以前に電子書籍（正確には電子書籍端末）という言葉自体が必要なくなりそうだ。片手で持てる電子画面に、入力のためのタッチパネルという電子書籍と呼ばれる機械は限りなくタブレットＰＣに近い。またスマホに似てきてもいる。結局、画面とタッチパネルという構成で、大きい物をタブレットＰＣといい、小さい物をスマホと言っている。その中間にあたる、丁度昔で言えば四六判（この本のサイズ）程度の大きさの物を電子書籍と言っているだけのことだ。

逆に、電子書籍が独自の進化を始めたとしても、紙の本はそう簡単に滅びそうにない。電子書籍が進化してＷｅｂ化する時、文字を載せるメディアとして特化完成されてしまった本という形態は実は変える必然性がない。画面というメディアが進化しても、紙という媒体の上で進化した本コンテンツは紙で読むのがベストだろう。保存とか、持ち運びとか検索のために本コンテンツを電子画面で見ることはあるかもしれないが、それは本が形を変えたに過ぎず、あくまでも紙の上が「正本」で画面はその「副本」である。電子書籍の利便性である検索性や速報性を突き詰めれば、それは本ではなく限りなくＷｅｂページと化すし、歴史的な本という形態を尊重するなら、わざわざ電子にしてまで読む必要がない。

もちろん、両者とも極論である。従来型の紙の本と、情報を得るためのＷｅｂページ的な画面上の仕組み、その間にいろいろな本コンテンツのあり方が想定されるわけだし、課金や流通、そして印刷会社や出版会社の思惑など本コンテンツのあり方を規定する外部要因もさまざまにある。著者も読者も出版社も印刷業者もそこの間で迷いに迷っているわけだ。実は、そこの迷いにこそ本書の存在意義があると思っている。

本書は印刷学会出版部の「印刷雑誌」に載せた、本と印刷に関するコラムを収録し、一部、書き下ろしを加えた。電子書籍について書いた前著『我、電子書籍の抵抗勢力たらんと欲す』から五年。時代はどう流れたか、現場からの報告ということになる。なお、業界誌に載せた関係上、一般的には馴染みのない言葉が出てくるため、巻末に注を載せている。本文の単語の下隅に小さい数字が出ている時は、それに対する注がある。あくまで用語解説であって、学術的「注」ではないので、気軽にご参照いただきたい。

なお、題名はSF好きの方なら、すぐに感づかれたと思う。フィリップ・K・ディックの『アンドロイドは電気羊の夢を見るか』のオマージュである。この小説はアンドロイドと人間、羊と電気羊（人造のペット）の区別がつかなくなった未来世界で、人間の本質とは何かを問いかけた名作である。

お楽しみいただければ幸甚である。

二〇一五年一月

著者

目次

第四章　本の未来をめぐる攻防

第一章　人間と本

「本」ってなに

「本」ってなに。「本」は何をもって「本」たりうるのか。

紙の「本」しかないころ、その定義は簡単だった。「紙の上に文字か画像を印字し、複数枚重ねて綴じた物」。複数枚といってもあまり枚数の少ない物は、パンフレットと呼ばれて本とは区別される。本というには最低でも背表紙が付くくらいの厚みは必要だろう。

なぜ紙が綴じてあるかと言えば、もともとは取りまとめて、取り扱うのに便利だからという物理的な理由だったからだろう。やがて綴じた本は、ひとまとまりの情報に束ねるという効果をもたらした。本にするとはさまざまな情報の中から、取捨選択してひとつの意味のあるまとまりとなるということなのだ。

学術書はまさにそうだし、小説であれば、発端があり、話が展開し、急な事件が起こり、大団円を迎えるというような一連の流れが一冊の「本」というかたちにまとめられることで、一体としての感動を呼ぶ。このまとまりこそが「本」が「本」たりえた理由ではないか。脈絡のないばらばらのパンフレットをいくら並べても、「本」とは言えないが、それを一定の方針をもって選択し、ひとつに綴じれば、それは「本」となりうる。情報は放っておけば、手に負えないぐらい散らばってしまって収拾がつかなくなる。それを意味ある集合に「綴じ」るという処理こそが「本」

の本質と言っていいのではないか。

情報の意味のある塊を「本」とするなら、電子書籍[1]も綴じこそしないが、「本」たりうる資格をもっている。電子書籍も情報のかたまりを画面の上で順次表示するからだ。そこには紙の上と、電子画面という差違はあっても、本質的に同じ作用がある。紙で読んで感動する本は、電子で読んでも感動するだろう。紙の本にはボロボロ涙が出るほどの感動が、電子書籍で読んだのではないということは、よほど紙の本に愛着があるか、電子書籍に偏見のある人だろう。要は形態ではなく内容ということだ。

Ｗｅｂページも電子書籍に似た作用をもつことは確かだ。しかし、このまとまりという点で「本」とは言えない。確かにＷｅｂページもまとまりがある。会社ページとか、通販ページとかひとつのＵＲＬのもとにいくつかのページが集まっている。ただ、Ｗｅｂページは電子書籍よりまとまりの度合いがはるかに低い。いろいろなリンクを通じて、すぐにほかのページとつながってしまう。Wikipedia[2]も元々紙の百科事典「もどき」だったのだが、項目やその中の単語同士が相互にリンクし合い、または外部ページへリンクすることで、情報がまとまるというより拡散してしまっている。なにかWikipediaで調べようと思って、ひとつの項目を読み始めたとしても、あとは興味がおもむくままにリンクからリンクをたどって、いろいろな項目にたどりつく。Wikipedia以外のサイトへも軽々とんでいける。ここに電子書籍とＷｅｂページの、つまりは「本」

とＷｅｂページの境界がある。

だが、今、電子書籍も解体の危機に瀕している。紙の本の場合、背表紙の付く紙のひとまとまりという限界から、ある程度の量が必要だった。ところが、その限界のない電子書籍では、トピックがより小さなページへと解体し始めている。おそらく決済方法が進化すれば、短編は短編集ではなく短編単体で売られる時代がくるだろうし、多数の著者執筆の学術書なども、全体ではなく、章や節の論文単位まで解体して販売されるだろう。ましてや、閲覧無料の電子書籍ともなれば、まとまった塊としての情報ではなく、時々に必要な情報の断片が次々と読み捨てられることになる。そして、無料の断片的電子書籍からリンクが無数に貼られて、順次リンクしながら読むということにでもなれば、Ｗｅｂページとの差はない。

やはり「本」の定義は、「紙の上」に限定した方が正しいのかもしれない。

大震災の少年ジャンプ

二〇一一年の東日本大震災の話題である。当時を書くに当たって、まったく関係ない話題を書いて、やりすごそうかとも思った。正直、東北の大震災は「京都」の元若旦那（筆者のこと）には遠い話だった。京都も少しは揺れたが、これぐらいの揺れでは被害はまったくなかったし、東京の印刷学会出版部で、帰宅が徒歩になって苦労したとか、会社に泊まりこんだという話を聞いても、現実感はなかった。

しかし、大震災の影響で京都でも紙が入らなくなっていた。聞けば、三陸の製紙工場が壊滅的打撃を受けて復旧の見込みが立たないとか。刷版[3]が入らなくなったのも聞けば、東京湾の物流倉庫が液状化のため、使えなくなっているとか。その上、停電の影響で、なおさら物流に影響が出ているとか。遠い話だと思っていたのに、意外に身近だったのだ。今まで、いくつもの災害があったが、こんなことは初めてだ。日本の生産力は底抜けに大きいと信じていた。実際、よその土地での地震や台風などの被害は聞くことはあったが、紙がなくなったり、刷版が入らなくなったりすることはなかった。

被災地の人には申し訳ないが、人は目の前に危機がやってきて初めてその意味を悟る。今回の地震と津波は日本の経済の根幹を揺るがす事態だ。テレビの中では、印刷機がすべて水に浸かり、再開のめども立たない同業者が悲痛な叫びをあげていた。関係のない話だとそのときは思っていたが、紙が入らなくなって初めて、この痛みの一端がわかる気がした。

申し訳ない。地震当初は被災地の痛みを同苦できていなかった。

小さな記事が出ていた。被災地に届かなくなった『週刊少年ジャンプ』の最新号が、一冊だけ被災地の本屋に届いたと、それを何人もの少年たちが回し読みして、被災地の苦しい生活を慰めていたと。印刷物は人に喜びを与える。たった一冊の漫画雑誌でも、被災地に潤いをもたらす。そして、そうした動きを受けて、発行元の集英社は無料で少年ジャンプを画面で読めるようにしたという。少年たちはむさぼるように画面を見つめていることだろう。私は少年ジャンプにお世話になった最初の世代だから、あの少年ジャンプの元気がはちきれるような誌面が読めなくなることのつらさはわかるつもりだ。

集英社の粋な計らいに年甲斐もなく感動しつつ、今さらながら、紙を必ず必要とし、流通を必要とする印刷物の欠点を思い知るのだ。もちろん電子書籍の抵抗勢力をもって自認する私としては、少し気にはなる。このまま少年ジャンプが画面で提供され続け、少年たちが紙ではなく画面で読むことの利点に目覚めてしまったらどうしようか、紙の少年ジャンプなど見向きもしてくれなくなったらどうしようかという心配も心をよぎる。だが、今回は忘れることにしよう。もしそれで、少年たちが紙の少年ジャンプを手に取ってくれなかったとすれば、紙の本はそれまでのこと。

少年ジャンプに呼応するかのように、少年サンデー、少年マガジン、少年チャンピオンも同じように画面での閲覧を可能にしたというニュースも飛びこんできた。思いはみんな同じなのだなあ。他誌との対抗上ということもあるだろうが、今度ばかりは、少年たちの喜びのためと素直に取っておこう。

そうだ、この未曾有の災厄の前にあっては、紙だ電子だと騒ぐことすら、おかしい。被災地の少年たちに笑顔を届けることだけが主眼であって、手段はなんだっていい。あるいは、この後におよんでも、紙だ、電子だと意識しすぎるのかもしれない。紙も電子もない。「想定外」の災害の前に人間は無力であった。それだけのことだ。

京都の地から被災地の一日も早い復旧を心からお祈りもうしあげています。

三代の文学全集

「親父、夏目漱石の『こころ』ないか」

ぶっきらぼうに息子がたずねてきた。パソコンオタクをもって自認する息子が文学を読もうというのは決まってあれだ。

「読書感想文か」

「あたり」

もちろんパソコンオタクの息子のこと、わざわざ本を借りにこなくても、画面で読んで済ませることは当然できたはずだ。小学生のころ、すでに画面で青空文庫の『走れメロス』を読み通していたし、日常的にブログ[4]やチャット[5]に親しんでいるから画面の方がむしろ慣れている世代のはずだ。しかし、彼は本の方を選んだ。本の方が読みやすいとかそういう機能的な問題ではないらしい。小さいころから家に日本文学全集があり、文学を読むとは、そうした上製の本で読むものだと自然に思っているからだ。一回や二回の画面読書経験ではその習慣は簡単には変わらない。

　この日本文学全集、私が小学生のころ、母が毎月の配本を楽しみにしていた中央公論社版である。まず、母が読み、そして私もこの全集で日本文学に親しんだ。最初に読んだのは『吾輩は猫である』だった。あまりのおもしろさに、ゲラゲラ笑いながら中学から高校にかけて何度も読んだ。高校生になって、ほかの作家のものも読み出した。谷崎潤一郎の『細雪』にはあまりの優美さに引き込まれ、世の中にはこんな美しい世界もあるのかと耽溺した。そして三島由紀夫。『金閣寺』の理知的で論理的な文章に惹かれた。

これが原因とは言わないが、私は進学先に文学部を選んだ。でも逆に、大学の学問として、文学を研究対象として分析しながら読むという方法論にはなじめず、私は文学の世界から離れてしまった。それから、コンピュータに出会い、パソコンの誕生に熱中し、電算写植[6]やオンラインジャーナル[7]に取り組み、やがて決算書の内容に一喜一憂する人生が始まった。

その間も、文学全集は母の願いもあったし、私の思い入れもあって、本棚の一番いい場所に鎮座し続けてきた。中身を読むことはあまりなかったけれど、夏目漱石・芥川龍之介・谷崎潤一郎・太宰治・大江健三郎といった名前の入った背表紙を見るのが好きだった。そして私の子どもたちも大きくなるにつれ、本棚に並ぶこういった名前に歴史的な意味があることを次第にわかっていくようになったのだ。

そして、今、読書感想文を契機に彼らは文学全集に手を伸ばし始めた。ＳＦやライトノベルだけでなく純文学もおもしろいんだぞと、そっと背中を押してやる。これからどうなるかな。さすがにこの全集では古くさいかな。最終巻（当時もっとも若い作家の巻）が石原慎太郎だものなあ。

子どもたちが文学部に進むことは少なくともなさそうだが、文学と本の楽しさを知る大人にはなってほしいと思う。

この文学全集、読むのが三代目ということになる。紙の本の楽しみはこういうところにもあった。もちろん感傷にはすぎないけれど、同じ本が、それぞれの時代に合わせてそれぞれの立場で読み継がれていく。本という物体の刻む歴史というものは電子書籍では決して代替されない。あるいは、もうそんなところにしか本の価値がないということなのかもしれない。

『吾輩は猫である』の載った夏目漱石の巻をひさしぶりに取り出してみた。さすがに、母が読み、私も何度も読んだし、子どもにも貸したから、あちこちに染みがつき、表紙も取れかかっていた。でも、わが家にとっては宝物。四代目がこの全集で『吾輩は猫である』を読む日が待ち遠しい。

二年目の電子書籍抵抗勢力

二〇一〇年私は「電子書籍への抵抗勢力たらん」と高らかに宣言した。この宣言はずいぶん反響があり、その後のブログなどでの発言も加えて、二〇一〇年『我、電子書籍の抵抗勢力たらんと欲す』として印刷学会出版部から上梓させていただいた。なにせ、電子書籍バブルに湧いた年のこと、抵抗勢力は色物扱いではあるにせよ、講演やシンポジウムなどあちこちでお座敷の声がかかった。

言い続けてきたことはただひとつ、印刷業界にとって、電子書籍普及はプラスになることはないということだ。もちろん、電子書籍のコンテンツ製作で儲けられるところも少数はあるだろう。しかし、大部分の印刷や製本を中心に行っている会社に電子書籍が恩恵になることはない。業界全体の損益を計算すれば絶対にマイナスだ。ならば、抵抗勢力となって電子書籍の普及を阻止するのがまずやるべきことだ。

抵抗する具体的方法としては、その後いろいろ策を練ってきた。二〇一〇年の段階では版面権[8]の主張をまず挙げていた。版面権侵害の訴訟を連発し、電子書籍推進勢力に法律論議の手間を取らせて、意気をくじくというものだ。

あとは政治利用である。日本の農業が農産物輸入自由化に抵抗して多くの譲歩を勝ち取ったように、電子書籍による印刷業界の被害を補填するように政治に働きかける。これには印刷業界・製紙業界挙げての組織的な投票行動が必要だろう。最終的には印刷産業保護のための補助金や助成金を大量に獲得する。

身近なところでは、電子書籍を推進するために行われている共通の交換フォーマット[9]議論を分裂させることが考えられる。これで交換フォーマットの制定が遅れれば現場はフォーマットの乱立で混乱し、それだけ印刷業界には有利である。

だが、一年抵抗勢力をやってみて、はっきりしてきたのは、こうした抵抗勢力理論が抵抗運動のパロディでしかないという現実だった。印刷業界に訴訟を起こす金もマンパワーもなく、業界団体は政治に対する圧力団体としてはあまりに非力だった。

だが、たとえ蟷螂《とうろう》の斧《おの》にすぎないとしても、当面は電子書籍への徹底抗戦を呼びかけるべきではあると思う。言い古されたことではあるが、現在の書籍の印税システムをはじめ、知を巡るすべての活動は紙の本を前提としている。印刷業界も含め、多くの職業人が紙の本の生産にたずさわり、賃金を得てこそ、「本が読まれ、その本がうみだした知識から新たな本が書かれる」という知の再生産が可能となっている。現在の書籍製作・流通におけるステークホルダーが電子書籍のシステムから廃除されたとき、はたして現在の知の再生産システムは今のまま維持できるのだろうか。

まずは業界として電子書籍への態度を決め、腹をくくって、徹底的に業界利益のために行動する。こうした抵抗の中で本から電子書籍への移行が単なる情報伝達装置の変化にとどまるものではなく、根本的なメディアの変化であり、産業構造の転換であることをすべての人に認識させよう。抵抗運動で問題の本質を浮かび上がらせれば、かえって電子書籍時代の印刷会社の貢献を明確にでき、電子書籍そのものも、知の再生産の一翼として活動することの意味を自覚することになるだろう。

逆に、自社だけが電子書籍で儲けられる少数になろうと印刷会社が安直に電子書籍の道に入り込んでしまってはならない。それほど大きくはない電子書籍市場で値段の競い合いをすれば、DTP組版価格の下落の悲哀がEPUB[10]作成価格の下落に置き換わるだけだ。そして印刷・製本という儲けのバッファがないだけによりさらに悲惨な体力勝負となる。

電子書籍への抵抗が結局、電子書籍時代の印刷会社の体力を強化し、電子書籍を知の再生産の枠組みに招き入れることになると思うのだが、いかが?

本を処分する

私は本を買うのが好きだ。もちろん読むかどうかは別としての話だが、蔵書は膨れあがる一方ということになる。本が本棚から溢れるたびに本棚を買い増ししていったが、日本の家屋事情ではすぐに限界となり、数年前から段ボール箱に詰めて、納戸に積み上げている。しかしこれでは所持している意味がないことにすぐ気づいた。段ボールに入れてしまうと、読みたいときに取り出せない。資料としては役に立たないのだ。しかも何をどこの箱に入れたかを忘れてしまう。本は本棚に並べてあれば、本を探すとき、何気なくほかの本の背表紙を眺めているわけで、どこにどの本があるかの記憶が新たにされる。つまりは本棚こそは人間書誌データベースの源でもあるのだ。これがない以上、段ボール詰めは意味がない。

古本屋に来てもらうことにした。馴染みの古本屋があるような愛書家ではないので、ネットから古本買い取り屋を探す。新刊のネット書店が隆盛であるように、古本のネットワークも充実している。ネット買い取り屋は連絡を取るとすぐに来てくれた。

ところが処分すべき本を積み上げて古本屋に見せると、古本屋がため息をついた。ほとんどがバーコードのついていない古い本だからだ。バーコードがあると、それを読み取って自動的に買い取り価格を決めていくようなソフトがあるらしい。

それにしても何十年も大事にとっておいた本である。しかもほとんどがいかめしい上製本。かなりの価格になるだろうと期待していたが、実際には二束三文だった。古本屋としては売れる保証があるわけでもなし、これから何年も在庫として保管しておかなければならないこともあるだろうから、しかたがない。むしろ、実際に必要としている人へ安い値段で引き継がれた方が世の役に立つというものだと諦めることにした。

参考のためにと、今回は売りに出さなかったが、母から受け継ぎ、私が読み、子どもたちも親しんだ『日本文学全集』全揃いの買い取り価格を聞いてみた。残念なことに「買い取れない」そうである。もし持ち帰るとしたら引取料がいるとのこと。もう文学全集など、まったく価値がないのだ。電子書籍なら名作文学など青空文庫のようにいくらでもただで読める時代だからいたしかたないだろう。同じ意味で、百科事典も引き取れないということだった。私もWikipediaばかり使って、百科事典など開けもしなくなったのだから、これも無理はない。しかし、印刷屋としてはこの現状はいささか寂しいものがある。本を大事にしてもらえばこそ、印刷屋が社会の中で役に立っていると実感できるのだから。

結局、蔵書というやつ、今は資産として、持っていてもしかたがないし、飾り物にもならない。存在意義はやはり人間データベースの源としてのみだ。本の背表紙を眺め、ときどき意味もなく開いては中の図表を記憶しておく。そうすることで、自分だけの資料としての価値が出るということだ。自分が読んだ本と、その記憶というのはその人に固有なもので、それでこそ、蔵書は当人にしか意味をもたない。もっとも、こういう蔵書の使い方も私の世代までかもしれない。図書館の資料ネットワークが充実し、電子書籍がどこでも手に入れば、まさしく記憶代わりにコンピュータデータベースが使えるのだから。

となると、これから、紙の本の存在意義とはなんなのだ。件の古本屋が「どうしてもほしい。売ってはもらえないか」と言った本がある。山止たつひこ名義の『こちら葛飾区亀有公園前派出所』である。高校生のときに買って、そのまま今まで持ち続けた漫画だ。だから保存状態もいい。山止たつひことはのちの秋本治、デビュー当時人気絶頂の山上たつひこをもじってこう名乗っていた。その後の版ではすべて秋本治名義に変更したから、山止たつひこ名義の「こち亀」は非常に貴重なのだそうだ。もはや紙の本には骨董としての価値しかないということなのかな。

本の解剖学

「本の解剖学」というワークショップを図書館の依頼で立て続けに行った。参加者に本（特に古い上製本）をカッターで解体してもらうというただそれだけの試みなのだが、参加者は単に本をカッターで切り刻むのではない。見返し[11]を剥がし、表紙を取り去り、寒冷紗[12]を抜き、かがり[13]の糸を切って折丁[14]をばらばらにするという製本と逆の工程を体験してもらい、逆の面から製本と印刷を理解してもらおうというものだ。図書館で告知したイベントということもあるが、本がなにより好きという人が多く、参加者全員熱心に取り組んでいただいた。

もっとも、実際の解剖作業はすんなりとはいかない。参加者一同カッター片手に苦闘されていた。みなさんもやっていただくとわかると思うが、「本の解剖」は簡単なことではない。簡単に壊れないからこそその製本であって、そもそも本がちょっとカッターで切ったぐらいで分解するようであっては製本の役割を果たさない。表紙を剥がすという一見、単純な行為にしても、大変な力と技がいる。表紙は糊で強力に本文と接着されていて、無理に剥がそうとしたら破れてしまう。参加者は、その強力さに「本に対する職人の思い入れ」を感じるようだ。本文である中身は柔らかい紙を使って読みやすく、外は中身を保護するため硬く堅牢に、本は実にうまく作られている。

参加者には解剖ひとつひとつの工程が新鮮だったらしく、表紙をうまく剥がして寒冷紗が見事に取り出せたりすると大喜びである。たぶん、こうした喜びは、自分たちが愛してやまない本という物の成り立ちを知った喜びだろうと思う。図書館もご多分にもれず、電子化の波に翻弄されているわけだけれど、「物体としての本」への愛着は館員も利用者もみなさん人一倍お持ちのようだ。本はこうして印刷製本業という本を愛する人々により作られ、図書館員のような本を愛する人々により守られている。そうしたことを実感していただけた、よいイベントだったと自負している。あとのアンケートでも非常に評判がよく、新聞にも記事が載るなど反響も大きかった。

こうして見ると、まだまだ本の需要は底堅いなと思うのだ。さんざん電子書籍の旗をふっておいて申し訳ないが、やはり印刷業界は「物としての印刷物」があってこそと思えるようになってきた。

電子書籍時代にあって、印刷会社はどう生き抜いていくべきか。これにはいろいろ方向性があるけれど、ひとつ間違いないのは印刷会社がＩＴ関連で突っ走るというのは無理があるということだ。印刷業界隈でもＩＴ関連で確かに華々しく成功している会社もあるけれど、そうではない会社もごまんとある。だいたい、印刷業界に限らず、あらゆる業界の人が電子書籍やＷｅｂで一山あてようと虎視眈々と市場を狙っているのだ。その中で、ＩＴに関して突出した技術力でもない限り、印刷会社が互して戦っていくというのは難しい。印刷会社は今まで培ってきた印刷会社としての強みを活かさなければ、ＩＴに業態変更したところで、すでにある巨大なＩＴ市場の中で埋没してしまうだけだ。

もちろん、巷間言われているように、情報の電子化・ソフト化は必至だし、成長力もＩＴ側にあるのは間違いない。だが、そのことに、印刷業界が右往左往する必要はないのではないか。印刷業界はＩＴ社会の中で、ＩＴ系の会社とは違う場所からスタートできる。堅牢な表紙、それはまさしくハード。その中の情報こそソフトに分類されるけれど、ハードと組み合わせる部分はまだまだ印刷業界が勝負できる分野である。こちらには堅牢な本という仕組みとそれへの愛情という強い味方がある。もう一度この世界を突き詰めてみるというのも悪くない。

そうら、また上製本の自費出版の要望が来たぞ。こうなれば、五〇〇年後にも残る立派な本を作ってやろう。そのときデータが残っているか本が残っているかと、自問しつつ。

紙の復権

二〇一二年の全日本印刷工業組合連合会印刷メディア協議会[15]のテーマは「紙の復権」だった。このテーマだからか、来場者が多かった。少なくとも私の所属している京都府印刷工業組合からの参加は例年の倍にはなっている。やはり印刷会社は「紙の復権」をなんと言っても待ち望んでいるのだ。業態変革も、今の時代確かに正しいのだが、紙を扱って印刷機を回すことを生業にしてきたほとんどの印刷業者にとって、コアの印刷ビジネスから業態変革することは至難の業だ。

今回の「紙の復権」に関する講演をヒントに私なりに復権の方法を考えた。ひとつは、紙に対するあらぬ誤解の払拭だ。この誤解がいかにひどいかはISO14001[16]などの環境規格を取ろうとしたらすぐわかる。まず環境コンサルタントと称する人が開口一番、印刷屋に向かって「紙を減らしましょう」なのだから。紙を使うことは森林を破壊し、大量の廃棄物を産み出す悪の産業だと言わんばかりなのだ。はたしてわれわれは必要悪としてやむなく紙の本を作っているのだろうか。これはない。

紙だけが悪者でないのは実際の統計を見てほしい。つけっぱなしのサーバー[17]の方がよほど電気を食う。森林が破壊されるというのも誤解である。実際に伐採された木のうちパルプになるのは一〇%程度だし、紙はリサイクル比率が非常に高い。また製紙会社は積極的な植林活動を通じて森の育成も行ってきている。

　次に紙の魅力の再発見である。紙は五感をフルに刺激する媒体でもある。電子書籍は視覚と一部音声だけが頼りだが、紙は「紙の手触り」「インキの匂い」など視覚聴覚以外の要素に訴えることが可能だ。真新しい教科書の「インキの匂い」は幾多の文学作品で新学期の清新なイメージとして語り継がれているではないか。「味」は今のところ提供できていないが、紙に味の要素を加え、舐めて楽しむ本というのもこれからの技術だとできなくはない。五感を使わせる広告媒体として、紙はまだまだ可能性がある。

　そして今「紙の復権」になくてはならないのはデジタルとの共同である。いくら、紙の利点を述べたとしてもインターネットの検索性や速報性に紙は逆立ちしたって敵わない。もはやデジタルの時代が紙の時代へと逆戻りすることはない。デジタルはまだこれから発展を続けていくことだろうし、情報伝達の多くの部分をインターネットや電子書籍などのデジタル機器が担っていくことになるのは、これはもう否定することはできない。ただ、デジタルにはデジタルの良さがあるように、紙には紙の良さがある。先にも述べたように五感をフルに活かせる媒体としての紙はインターネットには真似できまい。ネットと紙を場合に応じて使い分けるというのは今までもよく言われてきた。しかし両者を使い分けるのではなく共同すればさらに発展が望めるのではないか。ＡＲ技術[18]などはそのひとつとして注目されているが、そんな大げさなことを考えなくても、地道に上製本を作り込み、インターネットで売りさばき、ＳＮＳ[19]で営業活動を行うということだっていいと思う。

紙の本とデジタル媒体の最大の差は影響する時間の長さだ。ツイッター[20]はつぶやいて一時間、フェイスブック[21]は一日、ブログでも一週間経てば、もう反響はほとんどなくなる。ところが、本は一ヵ月目からが勝負、一年、二年と反響が続き、グーテンベルク[22]らのインキュナブラ（揺籃印刷本）[23]が実証しているように五〇〇年間影響をもち続ける。逆にデジタルの伝播力は紙に比べ猛烈に速い。紙は追いつけない。

伝播速度と情報の持続、この特性に応じてデジタルと紙を組み合わせることに新たなビジネスチャンスがありそうだ。そここそが「紙の復権」のスイートスポット（最適打球点）。どうやってデジタルと紙を組み合わせるのかを問うことところこそ、これからの印刷人の勝負どころだ。

「紙の復権」、それは青い鳥のようにはるか遠いところでなく、すぐ近くにいるのかもしれない。

第二章　コンピュータで情報を読む

デジタル時代の本のかたち

活版組版（1966）

CD-ROMの登場

二〇世紀も終わろうとするころ、それまで五〇〇年間変わらなかった本の製作技法に革命的な変化が訪れた。コンピュータで組版が行われるようになった結果、活版[24]が使われなくなったのだ。活字を拾い、並べる職人が中心だった印刷工場は、コンピュータ画面の並ぶオフィスと見まがう場所へと変わった。

それでもこの段階ではコンピュータは本を作るための手段でしかなかった。原稿を投入して、紙の本を生産物として送り出す。その工程を担うのが、活版からコンピュータにかわっただけのことだ。確かに、作業工程の転換はなまやさしいものではないが、印刷会社の役割そのものに変化はない。紙の本という製品を作り出す製造工場であるという地位は同じだ。五〇〇年

電子組版（現在）

ぶりの変化のあとは、製造工程に革新は当分の間起こらないだろう。

印刷人の誰もがそう思っていたころ、CD‐ROMというものが流行り始めた。

CD‐ROMは本の内容や画像・動画をいれてコンピュータで読むようにしたものだ。おなじみ、マッキントッシュや忘れもしない富士通のFM-TOWNSといったパソコンが、その機能を全面に押し出して大々的に売り出された。つまり画面で本（のようなもの）が読めるのである。このCD‐ROMこそが本に訪れた本当の意味での大変化の始まりだった。ここではコンピュータは単なる本作りの手段ではなく、本そのものになってしまったのだから。

その当時評判になったCD‐ROMに「CD‐ROM版新潮文庫の一〇〇冊」がある。一九九五年のことだ。新潮文庫の一〇〇冊というと、中学校や高校の図書館には必ずあったものだ。文庫だけ並ぶ、小さな本箱に日本や世界の著名な文学作品が並んでいたのをご記憶の方も多いだろう。この本箱一つ分の文庫が一枚のCD‐ROMに収まってしまったのである。当時出版界や読書人の間で大きな話題になった。私も一枚手に入れて、実際にパソコンから読んでみた。これが読めるのである。忘れもしない。その場で中島敦の『山月記』を読み切ってしまった。やはり名作だった。ただ当時はまだタブレットPCなどなく、ノートパソコンも大きく重く、今から考えるとてもノートと呼べるような代物ではなかったから、デスクトップでしか読めなかった。本は寝転がって読むのに慣れていた身には読みづらい。本を机の上に置き、居ずまいを正して読むようなことになるからだ。むしろそれは本の読み方としては正しいのではあるが。

「CD‐ROM版新潮文庫の一〇〇冊」に触発されるように、一九九〇年代後半、CD‐ROMが続々と発売される。やはり百科事典的な使い方をされるものが多かった。中でもマイクロソフトエンカルタは、マイクロソフトの威信をかけて、単に、文字や写真だけでなく、動画や、コンピュータグラフィックス[25]を駆使した、今までにないコンピュータ時代の百科事典を標榜していた。それは実におもしろかった。民族楽器の項では、民族楽器の解説とともにその実際の音やその楽器を使った演奏を聴くことができた。蛇足だが、アメリカ人は自分たちの民族楽器としてバンジョーだけでなくエレキギターを挙げていたのが印象に残っている。

私は、こういったCD‐ROMを見て、新時代の出版とはこのようなものだと強く確信した。それは出版社でも同じだったようで、各社からCD‐ROMでの出版が相次いだ。CD‐ROM出版は本の未来をわかりやすく提示して見せた。京都の書店でも、CD‐ROMばかりを集めたCD‐ROMコーナーができたりした。どれぐらい売れたのかはわからないが、書店がまだ電子メディアの時代にあっても生き残れる可能性を探っていたのだろう。

私は、このことを全社に向けて知ってもらいたかった。まだ若かった私は、年配の社員を集めて社内講習会を行った。印刷だけではなく、こういうかたちで、情報が伝えられるようになっている、もはや印刷だけが情報流通を担うのではないということを実際にCD‐ROMを見せながら小一時間もしゃべっただろうか。

「もう時代は大変なことになっていますよ。印刷はもしかしたら終わるかもしれないですよ。」というわけだ。そのとき最後に「何か質問はありますか」と私が言うと、古参の営業社員が手を挙げた。

「結局、この機械で、どうやって組版するの？」

私は、脱力してしまった。説明が悪かったかもしれない。自分自身が興奮してうまく伝えられなかったのかもしれない。でも、古い印刷人はコンピュータで印刷物を作るということまでは理解できても、それが本の代わりになる、動画や音声までも入った新たな本になるということは、まったく理解できなかったのだ。

すべてはインターネットへ

CD‐ROMブームは急速に収束する。件のCD‐ROMコーナーのあった書店は、CD‐ROMコーナーどころか会社そのものが倒産してなくなってしまった。CD‐ROMの内容そのものがインターネットで公開されるようになったからである。二〇〇〇年ころまではまだインターネットの回線が遅いこともあって、動画や音声といったデータの大きなものはCD‐ROMを使わざるをえなかった。それも二一世紀に入ってADSLや光回線[26]の普及でインターネットそのものが速くなった結果、電子情報はインターネットでの公開が普通になった。

CD‐ROMは本の欠点をそのまま持っていた。たとえば、百科事典を例に考えてみる。まず紙の百科事典は大きくかさばって重い上に、検索するのに非常に手間がかかる。その点、マイクロソフトエンカルタのようにCD‐ROMに入れておけば軽いし、検索は速い。また紙では絶対不可能な動画や音声も表示できる。しかし、CD‐ROMの情報は、CD‐ROMに焼き込まれた時点で情報が止まってしまう。書き込まれた情報が新しくなることはない。また、CD‐ROMに、お目当ての項目が掲載されていなければ、結局そのCD‐ROMでは調べることができない。この点は紙の百科事典の持つ欠点と同じなのだ。

元々、情報とはそういうものだった。ひとつのパッケージの中に、載っている情報は載っているが、それは載せた時点の情報までしか収録できない。更新されることも、増えることもない。増補改訂版が出ることもあるが、それも増補改訂版が発行された時点での情報でしかない。これがインターネットだと、リアルタイムで情報が更新される。そして、情報源は世界中のＷｅｂサイトということになる。これは情報源は事実上無限といっていい。インターネットでリンクをたどっていけば、どこかしらお目当ての情報に到達できる。

インターネット上の百科事典、Wikipediaには何十万という項目の解説が載っている。その項目数は今まで発行されたどんな百科事典よりも多く、詳しい。しかもリアルタイムだ。なにか掲載項目に変化があれば瞬時に情報が更新されている。たとえば、人物の解説などは、その人が賞を受けたり、亡くなったりしたら、その日のうちに情報が訂正されている。もちろん信頼性は紙の事典より劣るが、常に新しい情報であることや、膨大な項目数があることのメリットは大きい。そして、たとえWikipediaに載っていなくても、検索エンジンを駆使して他の全世界のＷｅｂサイトにシームレスにつながっている。ここから情報をかき集めれば、なんらかの結果は得られる。

こうなると、あらゆる情報がインターネットに載せられるようになる。とくに、辞書的なものやカタログリスト的な必要なときに必要な情報だけを取り出すタイプの本は、紙の本のかたちで発行されることはどんどん減っている。電話帳や時刻表がその典型例だろう。電話帳や時刻表を頭からすべて読む人はいない。利用者にとって必要な情報はそのごく一部だからだ。近所の誰かの電話番号を知るために何千ページの電話帳を繰ることになるが、そのときお目当ての電話番号が載っている以外のページは利用者側にとっては本当は無駄なのだ。ただ、使われるかもしれないだけで、膨大な紙を用意して、読まれるかどうかわからない項目まで印刷していたわけだ。これはさすがに意味がない。百科事典も電話帳ほどではないが、必要なページしか読まれないが、応接間の本箱の一番いい場所を占領していたりする。昔は、百科事典を持っていることが、知的で財産のある家の象徴でもあったから、みんなこぞって百科事典を揃えたが、そんな風習ももうなくなってしまった。紙の百科事典はどんどん売れなくなり、元祖百科事典『エンサイクロペディア・ブリタニカ』[27]も二〇一二年紙版の発行をやめてしまった。

印刷会社にとっては、この読むか読まれるかわからないが、とりあえず紙にしておくという印刷物の需要は非常にありがたかった。ページ数も部数も膨大なものが多かったからである。しかし、もう紙が情報流通の主役になることはない。電話帳はまだかろうじて出版されているが、もはや部数も減る一方で、電話帳広告から業者を探すという習慣も急速に失われている。消滅するのは時間の問題だろう。

インターネットは既存の情報流通システムにとって破壊的な影響力をもっていた。

そして電子書籍

二〇一〇年が電子書籍元年と言われた。二一世紀となって十年が経過していた。実はそれ以前から、電子書籍と言われるものはあった。すでに一九九三年にNECからデジタルブックという商品が発売されている。いまのタブレットPCより厚くて重いが、コンセプトはまったく今の電子書籍とかわらない。液晶画面に文字を表示させて読むのである。日本はこういう家電の分野での小技の効いた新製品を作るのが得意だった。ウォークマン[28]のような製品が世界を席巻したのも、消費者のニーズにあった小さくて便利な製品を日本のメーカーが作り出せたからだ。

当然、電子書籍のような製品は日本が得意とするべきところのはずだ。小さくて軽くて持ち運びのできる電子の本。実際、家電メーカーは次世代の製品として期待して、次々電子書籍型の読書端末を売り出した。電子書籍コンソーシアムというところで実証実験まで行っている。しかし、この実証実験では思ったような結果が得られず、その後、発売された電子書籍もことごとく売れなかった。出版界も印刷業界も電子書籍などというものは無理なのだと思い始めた二〇〇七年。アメリカで電子書籍がヒットする。

アマゾン・キンドルである。

アマゾンキンドルは電子書籍としてはこれ以上なりようがないかたちだった。シンプルで薄く、余計な機能をそぎ落とし文字表示に徹していた。表示には電子ペーパー[29]という技術を使っていたが、これは何も特別に新しいものではない。ソニーのリブリエという端末は、アマゾンキンドルより早い時期に電子ペーパーを採用している。リブリエは形状もアマゾンキンドルそっくりである。アマゾンキンドルとソニーリブリエのどこで差がついたか。それは電子書籍をめぐる考え方の違いだった。

アマゾンキンドルは、それ自体が通信端末だった。iPad をはじめとしたタブレットPCが普及した今では、画面だけの小さな機械でも通信機能をもつのは当たり前だが、当時としては画期的なことだった。それに対してソニーのリブリエは、通信機能をもたず、本を手に入れるにはパソコンからいったん電子書籍販売サイトに行き、そこからダウンロードしたファイルをメモリースティック[30]などのオフラインの機器を介して入力する必要があった。これでは、本を手に入れる手間がまったく違う。アマゾンキンドルだと、持ってさえいれば、通信がつながるところならどこでも新しい本が手に入れられる。いわば、超大型の書店を持ち歩いているようなものなのだ。読んでいてつまらなければ、すぐに別の本を手に入れることもできる。雑誌などは、常に最新の物を読める。対してソニーのリブリエだと出かける前に本を選んでダウンロードしておかなければならない。間違えてダウンロードして持ってきてしまっても、パソコンのないところでは取り替えられない。もちろん、最新情報は入ってこない。

アマゾンキンドルはインターネットのもつ最大の魅力を電子書籍に持ち込んだのである。どこからでも無限の情報源にアクセスできるのだ。それに対して、リブリエは、書店に行って紙の本を買うというアナロジーから抜け出せていない。ひどいのは電子書籍コンソーシアムでの実験で、これは書店に実際に行って電子データを買うということが前提になっていた。紙の本の発想から一歩も出ていない。もちろん、このような仕様になったのには書店や出版社の大人の事情もあった。書店や出版社は紙の本で長年ビジネスモデルを組んできた関係上、紙の本の売上に影響を与えるようなことはやはりやりにくかったのだ。

日本はこの最初のスタートでつまずき、その後も電子書籍はあまり伸びていない。二〇一三年の統計では、一〇〇〇億円市場とも言われるが、書籍全体からみれば、数％にすぎないし、その大部分がマンガだ。いずれ一〇年以内に三〇〇〇億円市場などという声も聞くが、それでも紙の本はしぶとく残りそうだ。

もちろん、電子に向く領域の本は電子化がますます進むのは間違いない。百科事典の類は、もう電子から呼び戻すことは不可能だろう。検索性と速報性の重要な学術論文の世界では、電子化の流れが加速している。学術論文雑誌は欧米での電子化は一〇〇％に近い。学術論文雑誌に限ったことではないが、雑誌は電子配信に向く。ただしそれは、紙の雑誌を踏襲したような形ではなく、Ｗｅｂサイトそのものとしてだ。細切れの記事と速報性を売り物にするならＷｅｂサイトに勝るものはない。おそらく、細切れの記事を配信するサイトが雑誌と呼ばれるものとなるだろう。

出版社と印刷会社は電子の時代の生き残り法を描ききれず、新しい時代のビジネスモデルの構築に右往左往しているのが現実だろう。印刷会社も電子時代のビジネスのあり方を模索してさまざまな新規事業を試みたり、やはり紙の本こそ印刷会社の生きる道と突っ張ってみたり、さまざまだ。正解はない。あれば、私自身こんなところで本なんか書いていず、さっさと営業にでかけてしまう。この本そのものが業界の右往左往を伝えようとして書いているのだから。

電子書籍の作り方

『我、電子書籍への抵抗勢力たらんと欲す』という本を出したこともあってか、最近、講演に呼ばれたりすることが多い。人前で話すのは好きな方なので、のこのこ出かけてはしゃべらせていただいております。京都府印刷工業組合でやらせていただいたセミナーでは、会場は聴講者で満員となった。聞けば、このように会場が満員となるのは「消費税導入の説明会」以来二〇年ぶりとのこと。やはり今は電子書籍に対する関心が高い。

内容は、電子書籍の歴史と、なぜ二〇一〇年が電子書籍元年と呼ばれるのかを話して、電子ペーパーの未来について語り、電子書籍時代の印刷業界はどうあるべきかを考察する。いわば一般論である。

それなりに熱心に聞いていていただけはするのだが、今の印刷業界の関心は、そんな一般論ではないようだ。どうやらストレートに「電子書籍の作り方」を教えてほしいというのが本音であるらしい。どういうハードを導入し、どんなソフトを備えれば電子書籍が作れるのか、そのもっと具体的な話を教えてもらいたいというのである。

しかし、こんな直接的な技術論にのみ関心が示されるのはいただけない。たとえば、ここで電子書籍の現在の共通フォーマットと言われるＥＰＵＢの作り方を教えたところで、また、いつフォーマットが変わるかもわからないし、電子書籍の製作そのものがこの業界の仕事であるとも限らない。技術の習得はそれぞれの会社が自分のところにふさわしいあり方で進めるべきであって一般化するべきではない。だいたい、今の文字中心の電子書籍のデータを作るのはたいして難しいものではない。こうした技術はただちに一般化する。そうなれば、誰でもできることをどこよりも安くという、印刷業界を長年苦しめている安値受注合戦にまたしても陥るだけのことだ。印刷業界は電子書籍の時代になっても同じことをやろうというのだろうか。

私は、印刷業の外側で起こっている電子書籍という大波を業界に伝えた。そのあと、それにどうやって対処するかを考えるのは個々の経営者の役目だ。電子書籍というのは印刷業界にとってはパラダイムの変換であり、単純な技術論では絶対解決がつかない。むしろ電子書籍や電子ペーパーが一般化した社会で、今後、どのような商売がありうるか根本から考えるべきなのだ。ネットと結合し、動画やリンクを多用した電子雑誌というようなものも構想されていると聞くが、これも個々の印刷会社がそれぞれの発想で商品化を企画しているものだ。「どうやれば作れますか」という技術論だけでは、新たな商品を生み出せない。むしろ重要なのは発想力である。

でも、たぶん聞かれる。「ではいったい何をすればいいのでしょう」「その〝発想〟とやらはどこへ行けば教えてもらえるのですか」と。そんなもの、私がわかるわけがない。個々の会社の設備も顧客も違うし、すべての会社にあてはまる解決策があれば、私がまずそれをやって誰にも教えない。もちろん〝発想力〟の鍛え方など知るわけがない。

会社はほかの誰にもできないことをやるから他社と差別化ができ生き残れるのだ。とくに、この厳しい業界に、あえて飛び込んできた二世経営者に言いたい。まずは自分で考えること、考えて考えて、未来をひねり出すこと。それが経営者としての務めではないか。

電子書籍で『我、電子書籍の抵抗勢力たらんと欲す』を出す

今日も今日とて、電子書籍への抵抗を説いてまわっておりますが、旗色は悪い。電子書籍端末は日に日に良くなる。薄くて軽くてきれいになる。そして、さんざんコンテンツの少なさを揶揄してきたが、ラインナップもどんどん充実している。青空文庫のような無料コンテンツを電子書籍で読む草の根の試みも始まった。

それでも、電子書籍への抵抗を続けなければ、印刷業界はメディアの大海の中で埋没してしまうと、抵抗運動を煽るのだが、笛吹けど踊らず、なかなか動いてはもらえない。むしろ、ＩＴ関連の会社から毎日のように送られてくる「電子書籍セミナー」のダイレクトメイルの数々に負けそうになる。曰く、「電子の時代は、早くから取り組みを始めて市場を制覇した者のみが勝つ、早い者勝ちの世界です。電子書籍に、どこよりも早く取り組んで、印刷業界での勝ち組になりましょう」。

ＩＴの世界で勝ち残るのは一社というのは説得力がありすぎる。実例ばかりなのだ。あれほど多彩だったパソコンワープロの世界も、今やワード[31]の一人勝ちだし、ＤＴＰは関連ソフト一切

合切含めてインデザイン[32]の寡占状態だ。かくて、電子書籍セミナーも勝ち組の一社になろうと大盛況と相成るわけだ。ただ、電子書籍のフォーマットたとえばＥＰＵＢは勉強すればそれほど難しいものではない。むしろ共通規格であるだけに独自のレイアウトなどには凝りにくく他社との差が出しにくい。このままいくと業界でＥＰＵＢ受注で差別化できるのは、価格だけということになりかねない。となると、これだけみんなが電子書籍セミナーに駆けつけたあとは何が起こるかは明白だ。電子書籍制作サービスの過当競争である。そしてまたもや安売り合戦だ。

嫌な想像をしなければならない。近い将来印刷通販サイトは、ＥＰＵＢ通販サイトに成り代わって、こぞって「激安ＥＰＵＢ」「超特価ＥＰＵＢ制作」の文字を並べるようになる。

もともと、私は「電子書籍への抵抗勢力理論」で電子書籍による印刷業界への恩恵はないに等しく、印刷や製本の代金が減った分を電子書籍の制作ビジネスで儲けるのは至難の技と言い続けてきた。ただでさえ、利幅の薄い電子書籍ビジネスで安値受注合戦が起こったら、おそらくもう何も残らない。利益も残らないし、売上も残らない。そもそも会社が残らない。

しかし、だからといって旧来の印刷に展望が開けているわけでもない。印刷に展望が開けないから、成長産業であるように見える電子書籍ビジネスに飛びつこうとするわけだ。なんか八方ふさがりだなと思っていたが、意外に若者の方がしたたかだった。

会社の若い社員が、「電子書籍をやりたい」と言ってきた。ＥＰＵＢ制作だけでなく、配信ビジネスもやりたいし、印刷とのコラボレーションもやりたい。電子書籍の可能性をとことん突き詰めたいと言うのだ。彼らの言うには、今の書籍の延長線上に電子書籍を考えるから、悲観的にならざるを得ないのであって、電子書籍をネットにつながった携帯端末ととらえれば無限の可能性があると言う。どんな可能性かはわからないが、わかるためにはとにかく電子書籍を作ってみなければ話にならない。

それで、彼らは実際に電子書籍を作って配信するというプロジェクトを始めたわけだが、そこで彼らが選んだのが私の著作である。つまり、例の書籍である。『我、電子書籍の抵抗勢力たらんと欲す』。

これが成功すれば、読者は電子書籍で電子書籍の抵抗への話を読むことになる。究極のアンビバレンツ。しかし、このアンビバレンツの中に、未来への展望がほの見えるような気がするのだ。電子書籍は五〇〇年続いたグーテンベルク時代の完全な終わりを意味する。グーテンベルクの活版印刷術は本を大量に流布させることで歴史そのものを変革した。電子書籍とネット革命によって、これから何が起こるかは、老眼鏡ごしにはわからないかもしれない。

iPadブーム

iPad入手。発売当初はテレビにiPadを求めて大行列というような光景も映ったが、二ヵ月も経つと、並んだり、予約したりせず、普通にアップルストアから購入できた。もうiPadも日常の機器としてすっかり定着したのだ。iPhone[33] 4も大人気だそうで、アップルの快進撃には目を見張る。一時はウィンドウズの普及で不振に喘いでいたアップルなのに、やっぱりスティーブ・ジョブズ[34]というのは経営の天才ですね。

それで、ともかくも、iPadで電子書籍を読んでみる。キンドルに比べて画面が明るい。液晶だから当たり前か。カラー画面なので華やかな感じもする。パソコン的な便利機能は当然備わっているが、これについてはほかにいくらでも評論が出ているので、ここではあえてふれない。印刷屋の関心として、電子書籍としての読みやすさが知りたいところだ。

鳴り物入りで提供されている『TIME』電子版などはさすがにカラーで華やか。液晶画面独特の鮮やかな発色は印刷物の比ではない。iPadはあえて電子ペーパーではなく液晶を採用することで写真の見栄えをよくし、電子雑誌としての発展を目論んでいると見た。今のところ英語しか出ないので、文字が読みやすいかどうかは評価できない。さて、ほかの文字の本はどうかなというところで、次を紹介したいのだが……。

実は、これ以上はまだ見られていないのである。社員にiPadを持って行かれてしまったのだ。このiPad、個人で買ったのではなく、会社で備品として買ったものなのだ。「iPadを触りたい人はぜひ触ってほしい」と言っておいたが、実のところ、当分私が独占できるだろうと思っていたのが甘かった。すごい人気なのだ。とくに三〇歳代以下の社員が、奪い合うようにして触っている。

そして、私のところに次に回って来たときには、あるコンテンツが加わっていた。

「当社の主力商品である学術抄録集をＥＰＵＢにしてみました」

ご存じの通り電子書籍フォーマットにはいくつか種類があるが、ＥＰＵＢはその中でも汎用規格として有名。現在、アメリカなどではさまざまなＥＰＵＢ仕様の電子書籍が流通している。日本語化できるかどうかも私は知らなかったのだが、もう社員はとっくに研究済みだったようだ。

読んでみると、ちゃんと電子書籍として組体裁がそのまま読める。ＰＤＦ[35]と違って、字を大きくしたり、小さくしたり、画面を傾けるだけで縦長レイアウトが横長レイアウトに自動的に変わったりといった芸当も可能。

この手のことが社員の手で、どんどん進むという時代になったのは嬉しいような悲しいような。以前、私がひとり「コンピュータ奮闘記」をやっていたころは本当に孤独だった。ホームページやオンラインジャーナルの事業をやるたびに、古参の社員から「また若旦那の道楽が始まった。

うちは印刷屋なんだから、あんなコンピュータの画面とはなんの関係もないでしょう」と言われて、なかなか事業化が進まなかった。今では、私は会社ＩＴ化・電子化の先頭ではなくなり、若い社員がどんどん先へ進んでいる。考えてみれば、早い時代にこうなるべきだったと思う。創業カリスマ経営者ならいざ知らず、同族会社の若旦那は社員からは孤立しがち。ついつい自分でなんでもやらなければと思ってしまって孤軍奮闘して空回りしていた。これでは、いつまで経っても会社のものにならない。これが、早い時期からＩＴ、ＩＴと騒いでいた割にわが社が発展しなかった原因かもしれない。

さて、iPadは電子書籍として使えるのかという根本問題だが、たぶん問題ない。実は、iPadのおまけでついてきた孫正義[36]の伝記を読んで、はまってしまったのだ。まるまる一冊分おもしろくて一気読み、全然疲れない。パソコンと違って、机の上に立てるのではなく平たく置く形になるからだと思う。もう電子書籍は読みやすくて当たり前。

「経営はまだ、紙に固執しているんですか。もう電子書籍の時代でしょう」

と社員に言われるのも時間の問題のような気がする。

iPadの実用性

今更ながらiPadである。とは言っても、もとより実用性など期待していない。私は通勤手段が自動車なので、電子書籍最大の用途と考えられる通勤時の暇潰しという用途には使えないのだ。キンドルも真っ先に買って、ひと通り業界仲間に自慢したあとは触ってもいない。いわば、自称電子書籍評論家としてiPadぐらい持ってなきゃという責任感というか義務感での購入だった。それにiPadはスレートPC[37]としてもエポックメーキングな製品として歴史に残ると思う。何年かすればいわゆるコレクターズアイテムとなるとも考えてのことでもある。

ところがどうして、iPadというやつ、まったく期待しないで買ったということもあるが、けっこう実用的なのだ。まずは東京出張に携帯してみた。最近の新幹線N700系では無線LAN[38]が使えるから、ノートパソコン代わりに使えるかというわけである。結論、使える。ノートパソコンより軽いのがありがたい。パソコンメイルは当たり前だが読める。メイルは携帯電話でも読めるがiPadの広い画面は携帯電話よりはるかに快適。キーボードがないので入力はタッチパネルになるが、これも思ったより使える。もちろん短文に限ってのことだ。部下からのメイルに「了解」の一言を書くぐらいなら必要にして十分。

さてその次は、お待ちかねの電子書籍としての用途だ。車内から『もし高校野球の女子マネージャーがドラッカーの〝マネジメント〟を読んだら』[39]を購入。このベストセラーを未読だったのだ。表紙がいわゆるオタク[40]の萌え[41]絵で、中年男性が書店で買うのがなんとなく気恥ずかしかった。書店員の目などまったく気にせずどんな本でも買えるのは電子書籍の隠れたメリットかもしれない。

さっそく読み始める。普通に読める。iPad は電子ペーパーではなく液晶なので目が疲れると脅かされ続けていたがまったくそんなことはない。それより、字を大きく表示できるので老眼の目にはむしろ楽。老眼鏡をかけて本を読むのは意外に目に負担なので、字を大きくして老眼鏡なしで読むのはむしろ疲れない。電子書籍もあとはコンテンツ流通の問題さえ解決がつけばすぐ実用になるのを今更ながら実感。

さて、次は、家に帰って寝転んで電子書籍を読んでみる。私の読書スタイルはほとんどこの寝転がり読みだ。この時はさすがに iPad も重く感じる。さらに感じたのは「堅い」ということだ。本は紙だから、柔らかく曲げたり丸めたり自由にできる。慣れの問題かもしれないが、堅い本（物理的に）というのは違和感があって疲れる。寝転んで読むという用途でコンテンツの価格が同じだったら正直なところ、紙の本を選ぶことになるだろう。軽い電子書籍リーダーはすでに市場にいくらでも出回っているが、やわらかい電子書籍リーダーは少し時間がかかるかもしれない。

そして iPad のような液晶画面最大のメリットかもしれないと思ったのは暗がりでも灯りなし

に本が読めることだ。ベッドメイトの家内に気兼ねなく枕元の電気をつけずに本が読めるのは助かる。ついでに、昔、母親に「早く寝なさい」と電気を消されたあと、布団にもぐりこんで懐中電灯で照らしながらマンガを読んだときのように、布団をひっかぶってその中で読んでみる。もちろん読めるし、暖かい。冬の夜長には意外にいい読み方かもしれない。しかもiPadを布団と枕にもたせかけておけば手で持つ必要もないから重さも堅さも気にならない。これは紙の本の模倣ではない新しい読書形態になるかもしれない。

画面は横長、紙面は縦長

電子書籍にしてもオンラインジャーナルにしても好むと好まざるとにかかわらず、印刷会社は対応せざるを得ないというのが現在の情勢だ。しかし、今のところ電子独特の処理が必要という場面はまだそれほど多くない。電子対応と言っても、紙上のレイアウトをそのままPDFにしてクライアントに手渡すことだと理解している印刷会社は少なくない。それどころか、紙のままスキャナで取り込み画像PDF[42]にすることが電子化だと信じて疑わない経営者すらいる。

この場合、組版現場としては今まで通り紙の上で読みやすさのみ考えてレイアウトするという姿勢はまったく変えなくて済む。出力が紙か画面かだけの違いだ。いわゆる写植[43]会社など組み版のみを行ってきた会社などではまったく仕事として変化がないことになる。紙のかたちに対応した縦長レイアウトだけを考慮していればいい。

だが、ここに来て画面でのみ読む読者が増えつつある。電子書籍こそこれからだが、すでに学術雑誌の世界ではオンラインジャーナルが主流となっており、もう一〇年も前から画面で読むことの方が普通になっている。オンラインジャーナルでは通常のWeb画面と同じく、ページという概念がない。一論文ごとに画面の下へ下へと縦にスクロールしながら読んでいく。確かに、横長のディスプレイ画面で読むときには、ページをめくるより縦にスクロールしていく方が読みやすい。反対に、縦長の紙面を前提としたPDFを横長の画面で読むと読みにくいことおびただしい。とくに二段組みの本などは一度画面をスクロールしながら一段の下までいき、そしてまた二段目の上に画面を引き戻さねばならない。

現在の電子書籍は縦長画面が主流だと言われるかもしれない。それもページごとに独立した画面があり、iPadなどではいちいち画面をタッチしてめくるような動作をしないと次の画面に移れなかったりする。これは、今の紙の本に慣れた読者を電子の世界に引きずり込むためにやむなく紙の本に似せているということもあるし、現在のコンテンツが紙を前提として作られているから、ページごとというような画面の作り方をしておいた方が、今現実にあるコンテンツを利用しやすいということもあるだろう。紙の本をそのままスキャンすれば電子書籍になってしまうのだから。

だが、いつまで紙という制約の下に成立した書籍形態が紙にせよ電子にせよ命脈を保つだろうか。人間の目はもともと横長の世界に慣れている。コンピュータの画面がそうだし、テレビも映画もそうだ。一時期、縦長画面のワープロというようなものもあったが、普及したとは聞かない。私も使ってみたことがあるが、不自然だった。人間の目は横に二つ並んでいるのだ。視野が横に広いのは当然だろう。そもそも紙の書籍だって、見開きにすれば横長なのだ。綴じるという紙の制約上、ページというような縦長の紙面が成立したにすぎない。さらに遡れば、冊子体が登場する以前にもあった巻物、とくに絵巻物は極端に横長である。最終的には、情報端末は横長の画面となってくるのが自然と思えるのだ。

しかも、紙の本と違って、電子系の書籍は読者の側で体裁を自由に選べる。電子書籍の長所としてよく字の大きさを読者が設定でき、それぞれの読者に最適なかたちで画面表示ができるというのが喧伝されるが、まさに、レイアウトの自由は読者の側にある。極論すれば読者が縦長を選ぼうが、横長を選ぼうが、画面の上で逐次、自動的に美しくレイアウトし直して崩れないようなデザインが必要ということになる。こうなってくると縦長、横長とこだわること自体が無意味なのかもしれない。

いずれにしても、印刷会社の縦に堅くなった頭を横に解きほぐさないと、これからの業界で生き抜いていくのは厳しそうだ。

電子書籍と明朝体

電子書籍は英語圏の急速な普及に比べて、日本語の世界ではもうひとつ伸び悩んでいる。原因については出版社の抵抗とか、再販制度の功罪とかさまざまに取り沙汰されているが、印刷業界からはひとこと言っておきたい。やはり、画面における文字の問題だと。今の電子書籍画面では文字が悪い。

英語では画面の文字の悪さはそれほど目立たないが、それは当たり前で、ラテンアルファベットと漢字の複雑さの違いからもこれは明白だ。漢字の方が圧倒的に画数が多い。これは一〇画二〇画がざらにある漢字に比べてラテン文字大文字の画数を数えあげてみればすぐにわかる。CやI、それにOは一画だし、DやMにしても二画、もっとも画数の多いのはEで、それでも四画である。ということはアルファベットに比べて漢字一字の中に引かれている線がはるかに多いことになる。もちろん、漢字はやや大きい文字で印刷されることになるが、それでも漢字の線密度が濃いことに変わりない。

同じ面積で線の数を多く引こうと思えば、線を細くするしかない。しかも日本語の中でももっとも多用される明朝体は、縦に比べて横線が細い。この明朝の横線を美しく表現するためには、かなりの精細さが必要になる。解像度の低いディスプレイでは明朝体ではなくゴシック体しか表現できないのはこのためだ。現実に私が原稿を書いているこのワープロでも画面表現はゴシックである。

厄介なのは、明朝の横線を表現するために、そのもっとも細いところに等しい解像度[44]があれば良いのではない。字のバランスを適切に表現するためには、明朝最細線よりはるかに細かい解像度がいる。これはデジタル文字の性質から、どうしてもそうならざるを得ないのだ。ドット境界が重なった場合、どうなるかを考えてもらいたい。ドットより細かい線は絶対に引けないわけだから、この場合、境界にあるどちらか片方のドットで表現する、つまり字のバランスを崩すか、両方のドットで線を太く表現するしかない。

この明朝の横線問題は、印刷にデジタル技術が導入されて以来、プリンタでもディスプレイでも問題であり続けた。プロ用のセッター（出力機）やCTPで一二〇〇dpiや二四〇〇dpiといったとんでもない解像度を要求するのは、カラー写真などの階調表現を担保するとともに、美しいフォントバランスを表現するためと言っても過言ではない。

ラテンアルファベットでは画数が少ないこともあり、もともとここまでの解像度がなくてもそこそこ綺麗な文字表現ができる。だから解像度がそれほど高くない段階でも商品として成立しやすい。ワープロでもDTPでも、欧米での普及は日本での普及より数年早かった。日本語組版問題の解決やフォントの作成に数年かかるからとも言えるが、私はこの解像度の問題が大きいので

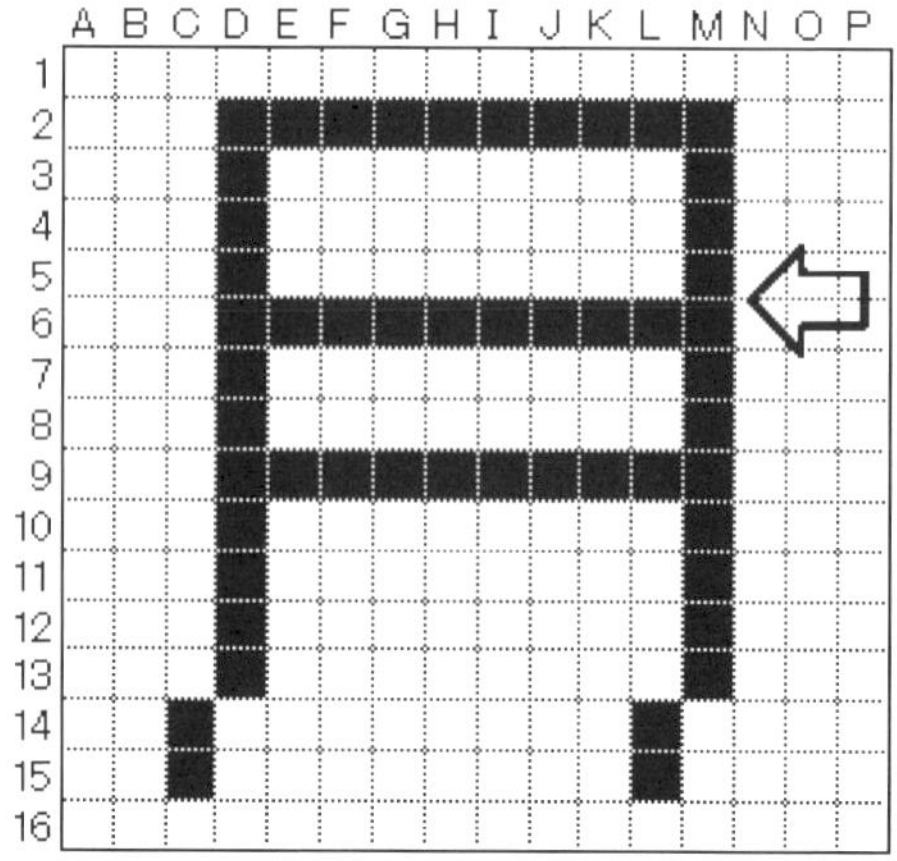

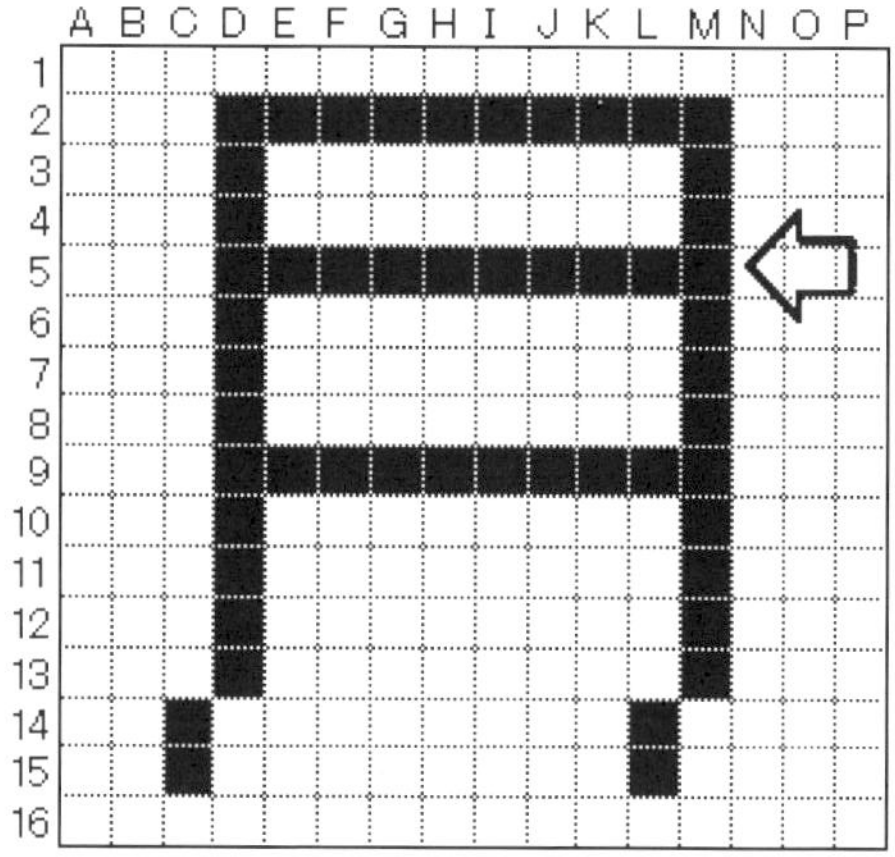

ドットによるデザインの限界。月の横線を５の位置にするか６の位置にするかではどちらも不自然。５と６の間に引きたいが、この 16 ドットの例では、不可能。こうした細かい調整を可能にするためには、画数以上の画像解像度が必要。細い線を多用する明朝体ではより切実である。

はないかと思っている。日本語の表現が十分になるまでデバイスの解像度が上がるのに、欧米の普及からさらに数年を要するのだ。

そして電子書籍だ。欧米の機器の標準をそのまま持ち込んでも無理なのがここでもわかると思う。たしかに、現在の電子書籍の解像度でも文字は読めなくはない。ゴシックでは十分かもしれない。しかし、今の電子書籍の画面で要求されるのは美しい明朝体表現だ。書籍にゴシックでなくて明朝が好まれるのは、それが読みやすいからだ。明朝に対する慣れだけではない。欧米でもセリフ系の文字は縦が太くて、横が細い。それが人間の目にとって認識しやすく自然なのだ。だから明朝が正しく表現できないと書籍の代替とはならない。それは、デバイスが液晶か電子ペーパーかという問題ではない。

逆に明朝が綺麗に表現できるデバイスが登場したとき、電子書籍は日本でも普及期に入るという結論になってしまう。これは意外に早いかもしれない。どうします？

電子マンガの次巻はまだか

電子書籍元年と言われたのは二〇一〇年だった。つまり二〇一四年は電子書籍五年ということになる。今でも電子書籍端末自体の売上は良くないとも言われるが、タブレット端末[45]やスマホ[46]でも電子書籍は読まれている。この三つは画面の大きさこそ違うが機能はもうほとんど同じだ。タブレットやスマホも含めれば、電子でコンテンツを読むというライフスタイルはもう日常の中にすっかり浸透しているのではないか。

実際、電車の中で本や雑誌を拡げている人は少なくなった。たいていはスマホかタブレット画面に見入っている。もちろん、電子書籍コンテンツを読んでいる人はまだそれほど多くない。たいていはＳＮＳかゲームだろう。結局は本や雑誌を読むのに費やされていた時間が電子コンテンツに食われている。これは紙の書籍であろうが電子書籍であろうが関係ない。書籍コンテンツという形態そのものが、もはや時代に取り残されつつあるのかもしれない。

私も、電車の待ち時間とか、ちょっとした空き時間はスマホでSNSを眺めていることが多くなった。少し時間があれば読書するように心がけているが、なんとなく反応が気になって、ＳＮＳ優先になってしまう。新聞も確かに紙では読まなくなった。朝一番、布団から抜け出す前に、ネット配信の新聞を読む癖がついてしまったからだ。

ただ、本は文字物に限ればまだ紙で読むのが普通だ。長期の出張では紙の本は持ち歩くのに重いので、電子書籍にすることもあるが、なぜか頭に入りにくい。慣れの問題だとも思うが、電子では線を引いたり、折ったり、切ったりといった使い方もしにくい。私は本は徹底的に使いつぶすタイプなのだが、紙の本の使いつぶしには慣れていても電子書籍ではその機能があっても難しい。電子書籍でも線を引いたり、しおりを入れられるといくら言われても、わざわざやる気にならない。電子書籍から自由にテキストを切り出したりできれば便利だろうが、なかなかこれはやらせてもらえそうにない。

しかし、完全に電子へ移行してしまいそうなものがある。マンガだ。マンガは絵が中心だからだろうか、最初から画面で読むことに抵抗を感じなかった。マンガを電子で読むことの利点は多い。

第一は場所をとらないことだ。ご存知のようにマンガはすぐに巻数がふくれあがる。最近は何十巻になるのも珍しくはない。そして一巻読み終えるのも速いから、ちょっと熱中すれば二〇巻ぐらい一気読みしてしまう。二〇巻を紙のコミックスで出張に携えるのは現実的ではないし、家でもマンガを揃え出したら最後、あっというまに本棚が占拠される。私は『こちら葛飾区亀有公園前派出所』を連載当初から全部買っていたが、一五〇巻を超えるあたりで本箱がひとつ「こち亀」で占領される事態となってしまった。

電子でマンガがさらに便利なのは、手持ちのマンガを読み終わって、続きの巻が読みたくなったら、ただちにネットから入手できることだ。真夜中であろうが、海外であろうが関係ない。文字の本ではひとつの小説が何巻にもわたるということ自体が少ないから、この次の巻が即座に読めるということのメリットが実感しにくいが、マンガでは次巻、次巻と買い進める利点は大きい。むしろ、読み始めたらとめどなく読んでしまえる方が問題かもしれない。

ちょっと疲れた出張の帰り、なんとなく読み始めたマンガの次の巻がどうしても読みたくなった。連載時期から考えて、当然次の巻は出ているはずだ。ネットに接続して探す。ところが、ネットショップに紙のコミックスの次巻はあれど、電子では発売されていない。電子書籍の普及を拒む出版社の無理解。紙の本での利益を確保するため、電子化は紙よりかなり遅らせるという出版社の戦略の犠牲になっているのだろうか。

むむ。「電子版をもっと優先させろよ」と毒づいている印刷屋の私。

日本語オンラインジャーナルを目指して

オンラインジャーナルが普及し出して一〇年になる。オンラインジャーナルはインターネットで論文などの学術情報を提供するもので、とくに欧米での普及が著しい。引用文献がハイパーリンク[47]で縦横に関連づけられている上に、キーワード検索の提供で世界中でどんな研究が行われているか即座に探し出すことができる。逆に言うと、オンラインにない論文は見つけ出されない。読まれないことになる。欧米の出版社の世界では「その論文がネットになければそれは存在しない」とまで言われている。ここで「存在しないと同じだ」というような表現ではなく、「存在しない（does not exist）」と言い切っていることに注目したい。結果として、欧米ではオンラインジャーナル化が急速に進んだ。「ネットになければならない」のだから、欧米の学会はこぞって電子化を進めた。日本でも学術雑誌のオンライン化は理系英文誌を中心に進んできた。オンラインでなければ世界で戦えないのだから当然だろう。

これに対し、日本語雑誌のオンラインジャーナル化は進んでいなかった。あったとしても、印刷された雑誌と同じ誌面のPDFをネットに載せる程度だった。しかしPDFで論文をネットに掲載するというのは国際的に言うと、ジャーナルアーカイブ[48]であってオンラインジャーナルとは言えない。欧米のオンラインジャーナルは原則HTML[49]であって、紙の雑誌を画面でも読めるというだけではなく、画面で読みやすいように特化している。たとえば、ページという概念がない。一論文は一ファイルであって、下にスクロールしながら読んでいく。またリンクも豊富に提供されていたり、図表も通常はサムネイル表示[50]で必要なときだけ大きくして見せる。オンラインジャーナルは紙の雑誌とは別物なのである。

電子ファイルが存在しないころの活版で作られたような、雑誌を紙からスキャニングしてPDFアーカイビングするのはそれなりに意味がある。だが、DTPなどで電子的に作られている雑誌までPDFによるアーカイビングで事足れりとしている日本の現状は国際的に見ると非常に遅れた感じがする。なぜなのだろうか。

ひとつは縦書きのせいだ。縦書きを前提として書かれた論文を横書きが前提の画面で見るのは違和感がある。ただ、確かにこれも重要な理由だろうが、理系誌などは日本語雑誌でも元来、横書きなのだからこれだけが理由ではない。むしろオンライン上での蓄積の問題だろう。オンラインジャーナルの最大の利点は相互リンクであるが、これはリンク先が蓄積されていなければメリットがない。リンク先がないのでリンク元たる雑誌のHTML化が進まない、リンク元がないのでリンク先も増えないという総すくみの状態になってしまっているのだ。

もうひとつ日本語オンラインジャーナルにふさわしい規格が整備されてこなかったということがある。各雑誌がばらばらにHTML化を進めても費用がかかるばかりだが、ある程度共通の規格があれば、その規格を元にしたツールソフト類も整備されるだろうし、サイトを標準化することでコストも下げられる。欧米ではNLM‐DTD[51]のようなデファクトスタンダードが早くからあったが、日本ではそのようなものは存在していなかった。必要性がなかったということもあるが、日本語の特性から英文よりはるかに標準化が難しいこともある。

しかし、もはや遅れをとっている場合ではない。日本のオンラインジャーナルの牙城たるJ-STAGE[52]では、二〇一二年四月以後、全部のファイルをXML[53]に統一することを発表した。いずれは日本語雑誌も含めて、日本のあらゆる雑誌をHTMLオンラインジャーナル化するという含みだ。また、国際的にもNLM‐DTDが日本語も含めた多言語DTDのJATS[54]へと進化した。時は今、日本語オンラインジャーナルがブレークしそうだ。

ＰＤＦではなぜだめか

和文オンラインジャーナルがついに現実のものになった。日本のオンラインジャーナルの総本山J-STAGEで、日本語学術雑誌のフルテキストオンラインジャーナルが初掲載になったのだ。とにかく、ここを見てほしい。

https://www.jstage.jst.go.jp/browse/jjgs/-char/ja

と言っても、この電子書籍時代「何を今さら」と言われるかもしれない。和文であっても、オンラインで提供される学術雑誌など巷に溢れているではないかと。しかし、よくよく見てほしい。そうしたオンラインの和文学術雑誌の本文はＰＤＦでしか供給されていないはずだ。

英文のオンラインジャーナルは、すでに一〇数年前から、ＰＤＦではなく、ブラウザ画面上でＨＴＭＬで画面に表示されるフルテキストオンラインジャーナルになっている。英文誌はＨＴＭＬ、和文誌はＰＤＦ。この時代が日本では長く続いてきた。実は、国際的にはＰＤＦによる雑誌データ提供はオンラインジャーナルとは言えない。これはあくまでジャーナルアーカイブだ。紙の本を画面上でも読めるようにしただけのことだ。もちろん、これだけでも紙オンリーの時代に比べて格段に進化しているのは間違いないが、ＰＤＦではもはやオンラインジャーナルとしての役目は果たせない。

ＰＤＦではなぜだめで、フルテキストオンラインジャーナルでなければならないのか。世界の大勢がなぜＰＤＦからフルテキストオンラインジャーナルに向かっているのか。

まず第一に、ＰＤＦはあくまでも紙の印刷イメージを画面の上に流しているにすぎない。だから、紙でのレイアウトに特化しており、画面の上では読みにくい。二段組の雑誌などは画面の上で目線を行ったり来たりしなければならないし、頻繁にスクロールを繰り返さねばならない。また、一ページ単位の表示のＰＤＦ画面では機器によって不適切な表示となることがある。スマートフォンでＰＤＦを読もうとすれば、一ページ丸ごとの表示など字が小さくなりすぎて意味がない。逆に横長画面のＰＣでＰＤＦの縦長のページを表示すると左右に無駄な余白ができ、しかも表示が小さい。この点、フルテキストオンラインジャーナルでは、画面によって適切な表示が自動的に切り替わるし、読む側で好みにあった適切な表示を選択することも可能だ。

そして、ＰＤＦは当たり前だが、テキスト形式ではない。表示するのにAcrobat[55]などのソフトがいる。これでは検索エンジン[56]が、テキストの内容まで深く入っていけないし、検索エンジンが拾いやすいように、メタデータ[57]を与えておくということもできない。オンラインジャーナルの最大の利点は、全世界から、論文単位どころか、章単位、図表単位、キーワード単位で検索できることだが、ＰＤＦではこれができない。

その上、ＰＤＦというファイル形式自体がいつまで利用できるかわからない。今まで、数多くの文書管理ソフトやワープロソフトがあったが、その規格が廃れてしまえば、そのファイルは読めなくなってしまう。「松」や「Oasys」のフロッピー[58]が今では読めなくなっているように。PDFがそうならないという保証はない。その点、「テキスト」であるフルテキストオンラインジャーナルはファイル構造そのものはシンプルで、未来永劫利用できる。

最後にもっとも重要なのは、フルテキストオンラインジャーナルは文書が「構造化」されていることだ。形式がしっかり整っているので、将来にわたって学術情報として利用しやすい。

印刷屋としては、「印刷」のレイアウトすら前提としないフルテキストオンラインジャーナルの流行はさびしいが、世界の大きな流れには逆らえない。むしろ、IT業界がこの分野に乗り出してくる前に、長く「テキスト」と格闘してきた印刷会社がこの領域も包含すべきだと思うのだ。これこそ、「業態変革」ではないのかな。

若旦那の電子書籍二年

表題の若旦那は私のことではない。すでに私は「元」若旦那であって、現役の若旦那ではない。もっと下の世代のことだ。私は電算とともに業界に降り立ったようなふりをしているが、活版の末期を知っているし、入社したころの印刷組版の主流は手動写植[59]だった。今の若旦那たちは違う。入社したときから印刷組版と言えば電算写植でありＤＴＰだった。Ｗｅｂは彼らにとってはニューメディアではなく、すでに巷に溢れかえる既存メディアだったわけだ。

そして、今の若旦那世代はバブル以後の印刷業界不況の中で家業を継いだ。厳しい経営環境の中で苦労してもいる。私の入社したころはまだバブルで印刷業界どころか日本全体が浮かれており、電算さえ入れればあとはバラ色のような幻想を持っていたが、さすがに最近の若旦那は現実的で、新たな投資にも慎重だ。とは言ってもそこは若旦那たち。新しいビジネスには目を輝かす。オンデマンド印刷[60]の研究会にしても、Ｗｅｂプリント[61]の研究会にしても当然ながら出席者は若く情熱に溢れている。

だから二〇一〇年の電子書籍元年には、彼らも電子書籍ビジネスに加わった。『印刷雑誌』に載ったある印刷会社の広告にこんなのがあった。

「電子書籍はじめました」という短冊がどんぶりの上で揺れている。ちょっとマンガチックな

広告だった。夏のころの号だったから、町の中華料理屋によくある「冷やし中華はじめました」をもじっているのは一目でわかる。聞けば、社長が若旦那世代の会社だという。経営を楽しんでいるなと思った。そこにはどんな時代になっても楽しみながら新しい時代に適応していく若旦那本来の姿があった。

今、若旦那たちの会社が電子書籍で走り出している。業界の集まりに行けば、「昔は印刷業界も儲かったのに今は全然だなあ」と愚痴るばかりの大旦那たちがはびこっていて辟易するのだが、若旦那世代の会合では、iPadやiPhoneの自慢話を挨拶代わりにして、XMLやEPUBなどの専門用語が飛び交っている。とくに電子書籍フォーマットについての関心が高いようだ。残念ながら電子書籍にはまだ注文と言えるような注文が来ないのが実情だが、二〇一〇年を電子書籍元年と言うなら、二〇一一年は電子書籍二年。最初は期待と脅威ばかりが過度に肥大していたが、現実にどのように対応していくかが問われる年になる。若旦那は電子書籍二年に向けて着々と準備を整えつつあるように見える。

もちろん私「元若旦那」だって負けてはいない。『我、電子書籍の抵抗勢力たらんと欲す』の出版で電子書籍の抵抗勢力を自他ともに認める私だが、商売としては別。電子書籍が本当に時代に必要とされているならば、商売としてしっかりこの時代に対応していかねばならない。商売人はいい意味で、変節漢だ。「信念」にはこだわらない。「信念を貫く」と言えば聞こえはいいが、これは時代への対応力を自ら放棄した言葉でもある。経営者はもって時代の変化に対応して変わっていかねばならない。

ただ、誰もが気がついているように電子書籍は印刷業界にとって諸刃の刃。電子書籍化が進めば進むほど、従来の紙の印刷は減る。紙の印刷の売上が減った分以上の電子書籍の需要を掘り起こすのは相当な覚悟が必要だ。しかし、もう後戻りはできない。紙の印刷の需要がこれ以上増えるとは考えにくいからだ。だから、なんらかの新しい食い扶持を考え出さねばならない。電子書籍はそのための第一候補だ。

若旦那たちはがんばっている。彼らがこの業界に来た以上、彼ら自身の手で未来を切り開いてもらわねばならない。この変化の激しい時代、親のやってきたことをそのままやっているだけで、会社を続けていけるはずがない。それは印刷業界に限った話ではない、親の世代の商売を墨守して続いてきた業界などどこにもないのだ。伝統産業と呼ばれる業界でも、時代に合わせて製品や企業形態を変えている。変えなかったところはやはり市場から退かざるを得ない。ましてや印刷業界は伝統産業でもなんでもない、単なる製造業なのだ。電子書籍二年。若旦那たち、何をやり出すだろうか。

電子出版EXPOに見る印刷屋の未来

夏の楽しみ、電子出版EXPO（二〇一一年七月七日～九日、東京ビッグサイト）に行ってきた。電子出版に関する展示会は、印刷関係の展示会が寂れる一方なのとは対照的に、年々隆盛になっている。今年は節電のお達しのためか、空調もあまり効かず、動く歩道も動かないという状況下、平日というのに大変な人出だった。まさしく熱気渦巻くというやつだ。

今年は去年あれほど目立っていた電子書籍専用端末の姿が目立たない。目立たないというより、もう電子書籍専用端末それ自身は電子出版の主要な関心事ではなくなっているということだ。とくにiPadのようなタブレットタイプの電子書籍は、結局のところ、キーボードを取り去ったノートパソコンにすぎないわけで、これはもう電子書籍展示会よりパソコン展示会でお披露目する性格のものになっている。そして電子ペーパーを使ったモノクロ電子書籍端末は進化がない。初めて実物を見て進化に期待したカラー電子ペーパーも液晶画面のタブレットタイプ電子書籍に比べればどうにも見劣りがするレベルから進んでいない。いずれにしても、端末そのものは今年の電子出版EXPOの話題にはならない。

元気なのは、とにかく電子書籍プラットホーム[62]と、電子書籍製作キットのブースだ。電子書籍の販売プラットホームというのはApp StoreやAmazonを引き合いに出すまでもなく、よほどおいしい商売に見えるのか、遅れをとってはならじといろんな会社がひしめいていて、印刷会社も大手から中小までいろいろな会社が参入を試みている。そして、電子書籍を製作するためのキット・ツール類はまさに百花繚乱。

なんのことはない、電子出版EXPOといっても、電子書籍そのもので儲けようとしているのではなく、電子書籍で儲けようとしている会社相手に電子書籍のプラットホームや製作キットを売り込む展示会なのだ。もっとも印刷の展示会だって、印刷を展示しているのではなく、印刷で儲けようとしている会社や人のために印刷機という印刷ツールを売り込んでいるのだから同じことなのかもしれないけれど。

さてここから先、印刷会社が何をやるのかということを考える。やはり電子書籍を作ることしかないと思う。電子書籍のツールやプラットホームは、悔しいがわれわれにできる仕事とは思えない。もちろん、逆転の発想から印刷会社でプラットホームや製作ツールに革新をもたらすこともあるだろうし、現に大手では試みているところもある。しかしコツコツ製造を続けてきた大多数の印刷会社にとって、この領域は危険な賭けだ。

結局、それぞれツールを使いながら、電子書籍端末に向かって地道に作業を繰り返していくことが印刷屋の仕事となるだろう。読みやすさや美しさを常に意識しながら読者の心に響く組版を続けていくということだ。考えてみたら、これは活版の時も、手動写植のときも、電算写植やD

ＴＰのときも変わりない。読者に美しい組版を届けることがまずは印刷屋のすべきことなのだ。

だが、こんな美しいだけの話ではすまない。よくよく思い出したいのは、Ｗｅｂページの時も同じようなことを言い、業界あげてＷｅｂページに取り組んだのに、結局ＷｅｂページビジネスではЕ印刷会社が主役になれなかったことだ。原因はいろいろ考えられるが、Ｗｅｂページを既存の印刷物デザインの延長と考えたからではないか。紙の上での読みやすさと、画面の上での読みやすさは違うし、画面ではインタラクティブなページを作れる。こうした進化に印刷業界はついていけなかった。電子書籍ではそうはさせてはならない。電子書籍という新たなデバイス（機器）は今のところは紙の本を画面上でシミュレートしているだけだが、これから絶対に電子書籍独自の進化を始める。その芽をいち早く感じ取って、今度こそ印刷業界を飛躍させねばならない。まだまだ電子書籍の動向から目を離せない。

第三章　インターネットと人間

ICTで便利な世の中

実は今この原稿は新幹線の中で書いているのだが、資料はネットから簡単に引き出せるし、前に書いた原稿もクラウド[63]から簡単に取り出せる。実際、最近ではどこでもパソコンをネットに繋ぐことができる。新幹線の中が可能なぐらいだから、駅頭は当然、喫茶店からホテルのロビーまで、繋がらないということがない。ネットの先もホームページや電子メールだけでなく、自宅のサーバーでも参照できてしまう。結果としてどこでも仕事ができる。今のところ国内の飛行機の中ではネットに繋がらないが、国際線ではネット接続サービスが始まっている（国内線も航空会社により二〇一四年からスタート）。全面的に繋がるようになるのも時間の問題のようだ。もう出張先で、あの書類を持って来るのを忘れたなどと後悔することがないのだ。この状況は、仕事で使う書類キャビネットをまるごと持ち歩いているようなものだ。便利この上ない。

そしてネットが扱える機器も小さくなった。究極はスマホである。もう誰もスマートフォンなどとは言わなくなった。もうフォン（Phone、電話）として使われないからだ。スマホはスマホなのだ。この携帯電話と同じかさらに小さくて薄い筐体ひとつでなんでもできる。スマホはSNS機器であり、テレビであり、ゲーム機でもある。仕事も暇つぶしもスマホひとつあれば、たいてい済んでしまう。

パソコンができて三〇年、この間、こんなことができればいいよねということは次々実現してきた。最初のパソコンはＢＡＳＩＣ[64]でプログラムを組まないと動かなかったし、漢字の表示もできなかった。漢字ぐらい出てほしいよねと思っていたら、すぐに出るようになった。プリンタの印字品質も最初のころはお話にならないくらい悪かったが、レーザープリンタ、インクジェットとあっというまに品質がよくなり、今や印刷会社がお客さんのインクジェットプリンタ出力と同じ品質の色を出すのに四苦八苦する有り様である。操作性ももちろんのこと、スピードも劇的に上がった。最初のＤＴＰは、ひとつの処理に時間がかかってかかって、もう頭が痒くなるぐらいじれったかった。もう少しサクサク動いてくれないかなと思っていたら、今はもうかなりの廉価パソコンでもＤＴＰが問題なく動く。

　極めつきはインターネットショッピングだ。インターネットで買い物ができたらいいなあと思っている間に、Amazonや楽天があっというまに小売り業を席巻していた。朝、寝床のタブレットＰＣで気に入った商品の購入ボタンを押せば、夕方にはもう商品が届いている。本であろうがワインであろうが、誕生日の花のプレゼントであろうが、何でも届く。お店に行く必要がない。出張の時も指定券を取るのにわざわざ駅に行っていたのが、今やいつでもどこでも、スマホから指定券が取れる。

　言い始めたらきりがない。だが、便利になったらなったで、問題も続出する。

一番、怖いのは情報漏洩だ。新幹線の中から飛行機の中から書類が見られると言ったって、それを守るのはパスワードひとつしかない。これが破られたら、それこそキャビネットごと持ち歩いているようなものだから、キャビネットごと書類が盗まれてしまうことになる。勢い、パスワードは破られないように、複雑で覚えにくいものにする。ところがこれを忘れる。メモでもしておけばよいようなものだが、このメモを見られたらやはり盗まれてしまうからメモもできない。

勝負は日に日に記憶力が減退する私の頭脳にかかっている。忘れたら、書類は何も見られない。ご丁寧にパスワードは、試行錯誤して打ち直し続けると、情報がロックされて閉鎖されてしまう。安全のためではあるのだが、ロックまでいくと、何重もの手続きをしないと、自分の作った書類にもアクセスできなくなってしまう。しかもこのクラウドサーバー自身がハッキングされるという事態まで相次いでいる。これでは何を信用すればいいのかわからない。

インターネットショッピングも、便利この上ないが、実はクレジットカード番号を盗まれる危険性が常につきまとう。実は、私自身、アメリカのサイトから買い物をしたあと、見ず知らずのショッピングサイトから架空請求が来たことがある。あわててクレジットカードを閉鎖したが、英語のサイトでよくわからないままYESを押し続けたことが原因らしい。現金決済と違って、常に神経を研ぎ澄ませて、請求書を睨んでいないととんでもないことになってしまう。疲れる。

もうひとつの問題は買いすぎることだ。朝、ベッドの中で、面白そうな本をワンクリックで買ってしまって夕方に届くが、読むヒマがない。または届いてみると思っていた物と違う。結果、「積ん読」である。積ん読比率は、本屋に買いに行っていたときよりははるかに増えた。

そして印刷会社にとって頭が痛いのはＩＣＴが進めば進むほど紙というものがどんどん使われなくなることだ。印刷の役割の相対的低下である。実際、スマホが普及したこの数年で、電車の中で新聞にせよ文庫本にせよ印刷物を見ている人がほとんどいなくなってしまった。前の座席に横一列に座っている人がいっせいにスマホの小さな画面を見ているのは壮観だが、もういちいち感心するまでもなく日常の光景になってしまった。紙を前提とした情報流通が完全に変わってしまったと言える。

その上、ＤＴＰが安いコンピュータでサクサク動くようになった結果、印刷代は暴落しているときた。ＩＣＴによる最大の被害を被ったのは印刷会社かもしれない。

日曜研究者はネットで

突然ですが、私、博士号を取得し、博士（創造都市）となりました。

対象となった論文は「学術出版の技術変遷論考―活版からＤＴＰまで―」です。印刷学会出版部から同名の書籍として出版されておりますので、ぜひお買い上げください。と、まずは宣伝から始まり申し訳ないです。

「仕事をしながらの論文執筆は大変だったでしょう」とみなさんに感心していただくのだが、私はこの本を書いているぐらいで文章を書くのは苦にならないし、論文の素材については、自社の記録を元にしているので、それほど大変だったという感じはない。むしろ、父の時代の古い見積書を探し出したり、退職者にインタビューしたりと割と執筆過程そのものを楽しませていただいた。

大変だったのは文献による記述の裏付けだった。博士論文は論文なので、憶測とか、曖昧な記憶だけで書くわけにはいかない。たとえば「ＤＴＰ以前にレイアウトが可能なパソコンソフトがあった」という記述をするとしても、なんとなくそのような記憶があると言うだけでは論文にはならない。あったという証拠の文献や証言がなくてはならない。

昔の記憶で「あった」と書いてもそれを証拠づける文献が見つからず、泣く泣く消去した箇所も少なくない。論拠を固めるためには、とにかく関連文献の山と格闘するしかない。大学だと専門の文献を備えた図書館があり、そこから探し出すことが可能だ。しかし、大学に所属していない私は大学図書館を自由に使うことは難しい。もちろん、使える場合は使ったたし、大学でなくても公共図書館や東京・新富の印刷図書館[65]にもずいぶんお世話になった。

でも、正直言って、日曜研究者の私には図書館の利用は難しかった。印刷図書館も平日しか空いていないし、平日でも昼休みには閉じてしまう。

文献調査に一番利用したのは実はインターネットである。何か確かめたいことがあると、とにかく、Yahoo か Google でキーワードをたたいてみる。もちろん現在の玉石混交のインターネットでは、検索してもたいていは使い物にならない情報ばかりが出てくる。それでも写研[66]の元技術部長だった小野澤賢三氏の「電算写植システムの開発」のようなすばらしい文献がネットに上がっていたりする。インターネット上の断片的な情報から、それらしい文献を探し当てたこともある。残念ながらインターネットでは全文はまず提供されていないから、そうした文献はとにかく紙版で手に入れなければならない。こういうときは Amazon が役に立つ。それらしい文献があればとにかくクリックして買う。中には絶版になっているものもあるが、Amazon から古本が入手できるのは助かった。こうして古本で入手した本の中には凸版印刷発行の『印刷博物誌』のような大ヒットもある。これは実に有益だった。

こうして検索にYahooやGoogle、入手にAmazonという技法で文献を揃えた。もちろん、買ってみたら、まったく違う領域の本だったり、すでに入手していた情報でしかなかったこともある。でも今のところ、私のような日曜研究者が一定の時間内に論文を書くとしたらこの方法しかない。逆に言えば、インターネットがあるからこそ、日曜研究者でも博士号が取得できたということかもしれない。

この経験をしてみると、すべての文献がインターネットで全文自由に読めるようになっていればどれほど素晴らしいかということは切実に思う。すべての文献が電子で読め、検索エンジンで縦横な検索ができれば、人間の知の世界はもっと拡大するに違いない。

インターネットの可能性と便利さを目の当たりにすると、印刷会社が電子時代にどう生き残るかというのは、些細な話にも思える。むしろ電子の時代にわれわれは何を求められているのかを問うべきだ。

今日からスマホ

私のガラケーも買って三年。これはこれで非常に重宝なのだけれど、最近、印刷関係の集まりに行くたびにスマホ自慢になる。それで突然思い立って、今日からスマホである。iPadを使って、タッチパネルが想像以上に使えると思えたことも背中を押した。なにより、まずは印刷の敵であるところのＩＴ機器を知らなければね。

スマホは小さいながら一昔前なら立派にパソコンとして通用する機能をもっている。メイルはいわゆる携帯メイルだけでなく普通のＰＣ用のメイルアドレスが使えるし、インターネットもＰＣ用のＷｅｂページが見られる。ほかにも至れり尽くせりだ。もちろん、断るまでもないが電子書籍だって読める。それに加えて携帯メーカー各社はちょっとでも他社のスマホと差別化しようと、次から次へと機能を増やす。私の買ったスマホなんかは３Ｄ表示や３Ｄゲームができたりする。

もう機能が充実していることには驚かないが、パソコンとして考えると画面が小さすぎて使いにくい。むしろガラケーの方が画面が小さいことに特化してソフトが作られていて、実用的には便利だった。たとえば、新幹線の切符はガラケーから簡単に買えるようになっていたが、スマホではこれができない。新幹線の切符を買うには、いちいち、パソコン用のネット予約サイトを使う必要があるが、さすがにスマホの小さい画面でパソコン用のサイトを表示するのは難しい。（当時。現在ではスマホ用サイトがある）

と、いきなり説明なしに始めたけれど、「ガラケー」だの「スマホ」だの、いささかネーミングとして品が悪い。ガラケーは「ガラパゴス携帯電話」。ガラパゴス諸島の生物のように閉ざされた日本という市場で独自に進化をとげた高機能携帯電話のことを言う。スマホは「スマートフォン」。パソコン機能も兼ね備えた携帯電話のことだ。念のため。

スマホを買って、一番便利に使っているのがスケジュール機能である。スケジュールをパソコンで管理し、それをクラウドのサーバーに保存すればスマホからでも閲覧したり、書き込んだりできる。スケジュールは基本的にパソコンの大画面とフルキーボードで効率的に管理して、外出先ではスマホでスケジュールの確認をしたり新しい予定を備忘として書き込む。この使い方はパソコンでスケジュールを管理するようになってから、ずっと思い描いてきたものだ。しかしなかなかいいソフトやシステムがなかった。

スケジュール管理には手帳代わりに使えるその名も電子手帳というものもあった。しかし、電子手帳では、いったんそれを使い始めるとスケジュール管理は電子手帳でしかできなくなる。パソコンで管理したスケジュールは電子手帳では使えなかった。もちろん常に電子手帳を持ち歩いて、電子手帳にスケジュールを集中すればいいのだが、あの電子手帳の小さい画面でスケジュールを入力する気にはなれなかった。仕方がないので、パソコンで管理したスケジュールを出張前にプリントアウトして持ち歩いたり、メイルでスケジュールを自分の携帯宛に送ったりして、なんとかダブルブッキングを防いできた。それがスマホですべて解決なのだ。パソコンで普通に管理したスケジュールがスマホでも完全に連動する。

スマホはもはや携帯電話ではなく、「電話機能も使える情報端末」と言っていい。もちろん、「電話機能も使える情報端末」というのはガラケーの時代から言い古されてきたが、ガラケーの時は「あえて言うならば」という留保つきのところがあった。スマホはパソコン並の機能を常に持ち歩いているという意味で、真に情報端末の名にふさわしい。それが電波で常にインターネットとつながっているという点でやはり革命的だ。ガラケーのようにガラケーのみのネット世界で閉じていない。パソコンの作るネットワークという広大な世界ともシームレスにつながっているのだ。

こんなものを皆が皆腰にぶらさげて、あるいはポケットに突っ込んで歩くという時代、本なんか売れるわけはないなあ。

次はフェイスブック

電子掲示板[67]、SNS、ツイッターとめまぐるしく流行の移り変わるソーシャルメディア[68]だが、そのつど、年甲斐もなくそれぞれに熱中してきたのもこの私。業界の皆さんにはそのたびごと『印刷雑誌』の連載で報告してきた。そして今の旬は「フェイスブック」だ。それぞれのソーシャルメディアの違いについて今さらここでは説明しないが、今回のフェイスブックの魅力はその徹底した実名主義だ。

もともと電子掲示板が一部のコンピュータマニアの情報交換の場だったころ、発言は実名で行うのが当然だった。その後、ハンドル名といういわばペンネームを許すようになり、匿名掲示板に至っては、匿名を良いことに言いたい放題が横行している。

ツイッターも最初は気心の知れた同士の情報交換の場だったはずだが、いつのまにか肥大化し、発言をどんどん拡散するリツイートという方法の流行でほとんど匿名掲示板と変わらない状態に陥りつつある。発言者もよほど社会的に有名な人でもない限り匿名になってきた。匿名の人ばかりの中で実名を出すのは勇気が要る。

この状況下、フェイスブックは実名主義なので日本では浸透しないとも言われた。日本人は恥ずかしがりだからとか、ネット空間の中では実社会とは関係ない交流を楽しむものだからと言うのだ。逆に言うと、実名であることはまさしく実社会と密接に結びつくことでもある。プロフィールが公開され、学歴から年齢まで明らかにする（プライバシーの設定はできる）のに抵抗のある人も多いと思うが、ビジネスという点ではこれは明らかに利点である。まさしく「ソーシャルネットワーク＝社会的な結びつき」でコンピュータネットワークを通じて実社会の結びつきが補強されることになる。また、実名やプロフィールを公開しても差し支えない人だけが参加するということになれば、それだけ責任ある書き込みとなり、掲示板やツイッターが陥った「荒れ」が抑制される。結果として、フェイスブックは一定の層には確実に浸透している。

私のフェイスブック友達は、印刷関係と図書館関係だけに限ることにしているが、業界人の参加は日に日に増えている。すると、フェイスブックの発言を追っていると、私や印刷業界人が興味をもっているようなテーマだけが眼の前を流れていく。それもツイッターより字数制限も少なく、発言が洗練されていて読みやすい。私に興味のない発言を大量に流す人がいるときは、交流をやめてしまうこともできる。逆に、私の発言に知り合いから反応があるのは嬉しい。ツイッターのように見ず知らずの人からの反応があるのも嬉しかったが、危険も感じた。発言が全然関係ないところに勝手に流れ、しかも自分の意図とは違う取り上げ方をされてしまうという危険性があったからだ。フェイスブックならまずは仲間内に見てもらい、問題なければ公にするという戦略もとれる。

印刷関係者の発言を読むと、皆さん年齢によらず、熱心に展示会や講演会に通い詰めているのがわかる。ことフェイスブックを見る限り構造不況業種などどこ吹く風、「紙の復権」に向けて元気である。印刷の可能性を「紙のない」ネットで語るというのも自己矛盾している気がしないでもないが、フェイスブックのような新しいメディアを積極的に利用する人の方が話がおもしろい。要は新しいコミュニケーション手段に食らいついてくるような印刷人というのは商売も熱心なのだ。

フェイスブックのようなソーシャルネットワークは人の読書時間を奪うという意味で結果的に印刷の需要を減らしているのかもしれない。しかし、今さらコンピュータ社会が逆戻りして、紙の本のみの時代に戻ることはもはやありえない。ならばこうした新しいコミュニケーション手段を駆使して未来の印刷業を模索した方が得策だと思う。今、ネット上で人の輪が拡がっている。

四年目のパソコン

私が、この原稿を書いているのはデスクトップパソコンである。私は、キーボードは109フルキー[69]でないと受け付けないし、周辺機器もいっぱいぶら下げるから、どうしてもデスクトップということにならざるを得ないのだ。実は、今使っているのは九代目である。一番最初は、就職してまもなく買ったNEC PC8801でもう三〇年前のことだ。パソコンの歴史もかくも長くなった。

さて三〇年で九代目だから、ほぼ三年に一度買い換えていることになる。一九八〇年代は私自身、若くて金もなかったし、パソコンの進化もそれほど早くなかったから、周辺機器を買い足しながらでも五年ぐらいは使えた。これが一九九〇年代以後は、ハード・ソフトとも爆発的に進化して、三年も経たずに陳腐化して買い換えざるを得なくなるということを繰り返すことになる。ハードとしては使えても、ソフトがバージョンアップするたびに、猛烈にCPU[70]パワーやメモリを要求して買い換えざるを得なくなるのだ。さまざまなツールや周辺機器を買い足すことで、対応することも可能だったが、パソコンの価格破壊が猛烈に進むようになって、周辺機器やメモリで場当たり的に対処するより買い換える方が安くなった。

そして買い換えて後悔したことはなかった。パソコンは三年の間に桁違いに進化していて、便利に速くなっていたのだ。パソコン雑誌風に言うと「サクサク動く」のである。古いパソコンを苦心惨憺《くしんさんたん》、ソフトが重い、立ち上がりが遅いと愚痴をこぼしながら使うより、買い換えた方がよほど精神衛生上も良いということになる。

さて、今使っているパソコンだが、気がつくと買って三年を超えていた。これは最近ではなかったことだ。つまり三年経っても不満を感じないということになる。こんなことはそれこそ三〇年ぶりかもしれない。もちろん、この間にソフトもバージョンアップしているし、新しいパソコンはさらに猛烈な速度、大メモリ容量を誇っている。今やハードディスクはTB（テラバイト）が最低単位だ。

それでもそんな超高速、大容量が必要ないのである。たとえば、デジカメ画像でも、最新機種では二〇〇〇万画素[71]とか三〇〇〇万画素とか謳っているが、ポスターに引き延ばすのでもない限り、そんなものすごい画素数は必要ない。したがって、容量もそんなに要らない。ワープロも本一冊一ファイルに収めても支障なく動くし、表計算なんて数万行などという非現実的な表を作ってもまったく問題ない。動作の重いソフトの代表だったDTPも、とくにストレスを感じなくなって久しい。結局、三年前のパソコンで十分役に立つのである。

それより、こちらが年をとったせいもあるが新しいパソコンを買って、ソフトの設定や周辺機器のセッティングを一からやり直す方がおっくうに感じられる。デスクトップ画面に散らばった、折々の必要に応じてインストールしてきたソフト全部をもう一度インストールし直すことを考えると気が遠くなりそうだ。

もうパソコンはある意味で行くところまで行った感がある。もちろん、発展の余地がないとは言わない。まだまだ速く大容量になるだろう。しかしそうなっても使いようがない。自動車は何十年も前に時速一〇〇キロを出せるようになったし、今なら二〇〇キロ、三〇〇キロ出る車を作ることは造作もない。だが、道路事情が追いついてこない。したがって、自動車は基本的に進化せず、GPSのような周辺機器や乗り心地のような付帯性能で引き比べるしかなくなった。それと同じように、パソコンももはや普通の人間が普通に使う限り、必要のない性能の域にまで達してしまったのではないか。

パソコンはこれから、性能を上げるより、値段が安くなり、薄くなり、軽くなる方向に向かう。現実にタブレットPCとはその方向性の延長に現れてきているものだと私は考えている。四年目のパソコンは最後の旧世代パソコンということなのかもしれない。

ベッドサイドのタブレット交替

iPadを買って一年あまり。電子書籍元年と言われた二〇一〇年に話の種に買ったものの、iPadは行く先々でノートパソコンやデスクトップに囲まれ、通勤にも自動車を使うというような環境下ではあまり使い途がなかった。

ところが、iPadはベッドサイドの雑誌代わりとしての用途に意外に役に立つことが判明した。これで最新の新聞雑誌が読めるので、朝、奥さんに新聞をベッドまで運んでもらわなくてもいいのだ。もちろん、フェイスブックやツイッターを寝る前後にチェックするのにも便利。読書は寝転びながらという癖のついている私にiPadは好都合だった。

しかし、アップル製品は操作性に癖があって、普段ウィンドウズ環境に慣れ親しんでいる私にはどうにも使いにくい。とくに、ファイルの転送がどうにもやりにくい。そこで、iPadの機能をウィンドウズ的に使える物としてタブレット二世代目はアンドロイド[72]にすることにした。機種はいろいろと比較した結果、富士通Arrowsに決定。Arrowsは富士通らしくおまけのソフトがてんこもりの上に防水機能付きという、私のような気が多くて粗忽者にはうってつけの機種だ。

到着して包みを開けば、アンドロイドはスマートフォンで慣れているので、すぐに大体のことはわかってしまうのもありがたい。

一番便利なのはアンドロイド端末ならウィンドウズマシンにＵＳＢ[73]接続すれば、ＵＳＢメモリのようにそのままウィンドウズマシンの外部記憶装置としても使えてしまうことだ。ウィンドウズマシンからアンドロイドタブレットの中にフォルダを作ったり、ファイルをエクスプローラー[74]で移動させたり、自由自在だ。この感覚がほしかった。タブレットの小さい画面上で、タップやフリックを駆使しながらファイル環境を整えるのは面倒この上ない。やはりデスクトップのでかい画面に、フル109キーボードとマウスでなきゃ、フォルダやファイルを整える気にならない。

それにアンドロイドはiPadと違って、Flashを使ったサイトを見られるのが嬉しい。それ以外にもiPadでは動かなかったサイトもサクサク動く。つくづくiPadは自己主張が強かったのだなあと思う。そこが、逆にアップルファンには魅力なのだろうが、仕事でも趣味でもウィンドウズを常用している私にはiPadは向かなかった。

それにしても、今時のタブレット端末はテレビはついているし、当然音楽プレーヤーだし、電子書籍にもなる。今回はＷｉ-Ｆｉ[75]にしたが、電波さえ来ていれば、インターネットはフルで使え、メールもＰＣ用がそのまま使えてしまう。昔は、テレビはテレビ、音楽プレーヤーは音楽プレーヤー、書籍は書籍として別々の製品だったことを考えると大変な進化だ。こうした細かい家電製品を得意としていた日本の電気メーカーが凋落するはずだ。

次々に必要なファイルを整えていったら、アンドロイドタブレットが限りなくウィンドウズ化してしまった。これにキーボードを付ければそのままノートパソコンとなりそうだ。外付けのブルートゥース[76]キーボードを買って実験してみたが、アンドロイドはやはりアンドロイドでしかなく、ノートパソコンの代替にはまだちょっと無理がある。ただし、このキーボード取り外し式のウィンドウズマシンは台湾製などにはすでにあるようで、ウィンドウズ8（二〇一二年十一月発売）が発売され、ＯＳそのものがタブレット対応に進化すれば、読むときはタブレット、書くときはノートパソコンといった使い方は一般化するだろう。

というわけで、ベッドサイドマシンは交替し、お古の iPad は息子に払い下げである。寝転んで電子端末で新聞を読みながら気に入った品があったら、その場で Amazon で購入というライフスタイルになってしまったということだ。数年前だったら夢物語だったこのライフスタイルのどこにも紙の印刷の姿が見出せないのが、悲しいことではあるが、便利なものは仕方がない。逆に言えば、この時代に対応した紙ビジネスを考えるしかないよなあ。

どこでもコンピュータ

ポケットＷｉ－Ｆｉを新しい物に変えた。ポケットＷｉ－Ｆｉはどこにいても無線ＬＡＮ環境を提供してくれる物で、その名の通りポケットに入るぐらい小さい。これさえあればどこにいてもインターネット環境が現出する。もちろん、この手の代物は以前からあったわけだが、今回はいわゆる第四世代に当たるＬＴＥというものだ。

とにかく速い。驚いたことに、室内で常時設置している無線ＬＡＮより速い。以前の第三世代まではポケットＷｉ－Ｆｉだと遅くて、ちょっと大きなファイルをダウンロードしたりすると時間がかかって仕方がなかった。画像を使ったページは見るだけでも一苦労で、なかなか画像が出てこない。メイルでも大きなファイルが添付されていたりすると、それがダウンロードし終わるまで、ほかのメイルが読めなくてイライラしたりもする。当然、動画なんかまともに見られない。

ところが、ＬＴＥだと、室内環境と変わらない速度でアップロードやダウンロードができるし、動画も視聴途中で途切れたりしない。

試しに、走る阪急電車の中で使ってみた。地下区間は苦しいが、地上は全然問題ない。阪急電車内で、オフィスと同じ感覚でネットが使える。何年も前からこの日が来るとは聞いていたが、ついに「どこでも高速ネット」の時代がやってきた。これから、スマートフォンもすべてＬＴＥ

対応になるだろう。

もちろん今でも、駅や空港のような人の集まる所なら、必ず公共無線ＬＡＮの電波が飛んでいて、そこそこ高速で使える。試しに駅でコンピュータのＬＡＮ環境を確認してみればいい。自分がつながっているＬＡＮ以外にいくつものＬＡＮの電波が飛び交っている。そして、意図せずまったく知らないＬＡＮにつながってしまっていることすらある。ホテルのロビーでＩＤもパスワードも打たないのに、ノートパソコンからいきなりインターネットにつながってびっくりしたことがある。

しかし公共無線ＬＡＮは飛ぶ距離が短いから、駅とか空港とか、ホテルのロビーのように範囲が限られた場所でないと使えない。これがＬＴＥの電波だと携帯電話のように広い範囲でつながる。今は都市部のみだが、すぐに全国津々浦々で使えるようになるだろう。こんな時代が、こんな早く来るとはなあ。

だが、こうなるとどこにいても逃げも隠れもできない。今ですら、こちらがどこにいてもネットにつながるということを得意先も協力会社も先刻承知で、平日はかならずメイルをチェックしないと許してもらえない。関西、とくに京都は八月一六日の大文字送り火まではお盆休みなのだが、ほかの地方ではそんなこと関係ないらしい。それこそお盆休みで海外のリゾートにいようがおかまいなしに仕事のメイルが入ってくる。

今後はこのメイル攻勢に加えて、LTE以前は通用した、社外にいて書類が見られず対応できないという言い訳も通じなくなるだろう。大きなサイズの色校正でも世界中どこにいてもファイルが送れてしまうからだ。LTEを通じて果てしなく仕事が追っかけてくるのは、実際悪夢だ。いい話ならいいが、こういう追っかけてくる仕事は大概クレームだ。やしの木陰でクレーム対応に追われる不条理。

LTEのもたらす「どこでもコンピュータ」の時代は「どこでも仕事」の時代。オンとオフの区別がつかない時代だ。勤め人なら、オフに仕事はしないと宣言してもまあまあ許されるが、われら経営者はそうはいかない。

もっとも、ここで「昔はよかった」と言うつもりはない。LTEをはじめとした高速モバイル環境は電子書籍やオンラインジャーナルビジネスを次の段階に進めるだろう。つまり「どこでも図書館」の実現だ。「どこでも図書館」時代のビジネスを構築していく気概がなければ経営者じゃない。ついでにLTEを使って「どこでもリゾート」を開発すればどうだろう。絶対当たると思う。それが、どんなものになるかはアイデア次第。

大人になったIT少年

　息子が帰省してきた。彼は関東の大学に入学し、京都を離れている。大学では情報学を専攻している。息子は赤ちゃんの時から、われわれの子供時代とはまったく違う体験をしながら大きくなった。しゃべるより早くマウスを操作し、CD-ROMを絵本がわりにし、小学校の時にはツール[77]を使ってコンピュータゲームを作成していた。やはり初志貫徹というか、なるようになったというか、コンピュータを専攻することになった。プログラムの授業が楽しくて仕方がないらしい。

　ずっと、こういう育ち方をした子供が大きくなるときどんな大人になるだろうかと、楽しみ半分、心配半分でそのときどきの息子を見てきた。コンピュータの否定的側面も聞かされていたからだ。小さいころから、コンピュータばかりやらせていると、人間性が損なわれるとか、対人関係が築けなくなるとか、親戚や友人から忠告をいただいたことも一度や二度ではない。

　結果として、親ばかかもしれないが、ちゃんとした大人になった。今は大学の寮に入っているのだが、友人も多くできているようだ。ネット麻雀だけでなく、リアル麻雀にも興じている。単位はできるだけ効率よく取ることを心がけ、サークル活動にいそしんでいる。寮の飯がまずいと、電子レンジを使った自炊に励んでいたりもする。私たちの学生時代とその心性はなんら変わるところはない。

始めのころはネットを使ったテレビ電話システムであるスカイプを使って、毎日のように京都と話しをしていた。家族が恋しかったのかもしれない。それでもいつのまにか頻度は減った。友だち空間の中に居場所を見つけたからだろう。それでも帰省の機会があれば帰ってくる。家族の中での居心地もいいらしい。逆に、帰省してくると大学の友人とツイッターやスカイプでつながっているようだ。ネットの時代、どこにいてもつながれる。人と人とのつながりは、ネット時代になってより深くなったのかもしれない。

本はあまり読まない。暇さえあれば始終ゲームばかりやっている。しかし意外に物知りだ。どうやらゲームを通じて、経済や歴史を学ぶからららしい。ネットゲーム[78]やシミュレーションゲーム[79]はリアルな世界や歴史を反映しているからだ。

結論、子供の時代からコンピュータを扱わせると人間性が損なわれるとか、知性が低下するなどというのはまったくの杞憂だ。むしろコンピュータを通じて人と人との交わりが増えるし、知性も効率よく吸収できているように思える。

コンピュータを通じて人間性が育たなかったり、知性が身につかないのは、コンピュータに子育てそのものを任せてしまうからではないか。コンピュータは人と人の交わりを助ける道具。親もそのつもりでコンピュータを介して子供とつながりをもてればいい。

私は子供とキャッチボールをしたことがない。そう言うと、子供と関わりをもてなかった悪い父親のように言われるのだが、そのかわり子供と一緒にゲームソフトを作ったり、ＬＡＮ工事をやったりした。野球の話はしなかったが、最新のＣＰＵやゲームについて遅くまで語り合った。親子で作ったゲームソフトを小学校の校長先生にプレゼントして驚かれたこともあった。すべては今では楽しい思い出だ。

息子に今大学で何をやっているんだと尋ねたら、「マクローリン展開」という言葉が返ってきた。あはは、数学の言葉らしいことはわかるが、文系卒の親父はもうついていけないよ。息子よ俺を超えてさらに遠くへいけ。そこは人間がまだ足を踏み入れていない領域だろう。臆するな。人間の能力は無限だ。まだ先へ先へ進んでいけ。

スカイプでＴＶ会議

最近会社で、ヘッドセットをつけた社員がコンピュータに向かってぶつぶつ呟くようになった。ちょっと不気味な光景だが、なんのことはない。インターネットを使ったＴＶ電話システム「スカイプ」で、社員がクライアントと打ち合わせをしているのだった。ついにこの時代になった。ＴＶ電話システムと言えば私の子供のころから未来のアイテムとして定番だった。科学博物館や博覧会には必ず、ＴＶ電話を体験できる展示があったもので、子供たちにも一番の人気展示だった。そしてそれはすぐにでも普及するかと思われたのだが一向に普及しなかった。技術的には難しいことではないらしいが、音声よりはるかに多い量の電気信号を送るインフラ技術が整わなかったからのようだ。ＴＶ電話システムを通常のアナログ電話回線につなげたりすれば、膨大な音声回線を塞いでしまうことになる。

これがインターネットの時代に実現したのはデジタル通信技術の進展のおかげだろう。YouTube[80]やUstream[81]の繁栄を見てもわかるように、今や映像をインターネットに大量に流したとしてもネットはびくともしない。もちろん光回線のような情報伝送に関する技術革新も大きい。

それはさておき、スカイプは仕事はもちろん、プライベートでも大活躍してくれる。関東の大学に入学した息子とはスカイプで連絡を取り合っているが、それだけでなく、息子は京都の夕食後の団らんの場にスカイプで参加したりもしてくれる。なにせスカイプだと通信費がタダなのだから嬉しい。

いまや校正もネットでやりとりするのが当たり前だし、電子書籍にいたっては納品物もネット納品となる。ネットの上だけで仕事が完結することだって可能だ。この上、打ち合わせをスカイプで済ませるとなると、まったくお客さんと会うことなく仕事が済んでしまう。営業は部屋から一歩も出ることがなくてもいい。

ただこれは時期尚早のようだ。やはり実際にお客さんに会わないと商談が進展しないことは多々ある。第一、お客さんが「忙しいのでスカイプで済ませよう」と言ってくれればいいが、こちらから「営業に出るのは面倒ですので、スカイプで済ませましょう」は言いにくい。まあ、これも手紙の連絡に替えて電子メイルで送っても、いつのまにか失礼でなくなったように、慣習が変わる可能性もある。

そして、今一番便利にスカイプを使っているのは、実はTV電話という一対一の会話ではない。TV会議としての利用である。液晶プロジェクタか何かでTVカメラで撮っている遠方の会議室の情景を映し、広角のWebカメラでこちらの画像を先方に送れば、十分にTV会議システムとして利用できる。

ＴＶ会議そのものは立派な専用システムや専用機器がかなり以前から存在していたが、費用はきわめて高額で、おいそれと中小企業で装備できるものではなかった。ところが、スカイプなら何度も言うが、タダである。広角のＷｅｂカメラや会議用の集音マイク、スピーカーなどは準備する必要があるが、たいした金額ではない。

京都の本社と東京の事務所を繋いで日常の管理職会議や社長挨拶の中継などに使ってみたが、かなり利用価値が高い。音声通話だけでも会議には十分役割が果たせそうなものだが、不思議なことに画像が付いてくると同じ会議に参加しているという意識が強くなるようだ。音声だけの時よりはるかに意見も出やすい。慣れてくると、遠方にいるという距離感も薄れてしまう。

京都の地場産業として一〇〇年以上、京都に根を張ってきた当社としては東京に進出といってもなかなか難しかった。東京云々以前に遠方の事務所をマネジメントするノウハウがなかったからだ。しかしこういうスカイプのようなシステムを使うとぐっと東京が身近になる。東京事務所が実際に機能しだしたのはスカイプのおかげかもしれない。

かみたのみの終焉

二〇一三年、関西のある大学がユニークな受験生募集広告を行った。「〇〇大へは願書請求しないでください」という新聞広告に関西だけかもしれないが、驚いた人も多いはずだ。これは、インターネット出願であれば受験料を大幅に割り引くという試みをわかりやすく訴えたものだった。「かみたのみの受験は、もうやめだ」というキャッチフレーズも目を引いた。インターネットでの出願を実施している大学は少なくないが、ここまで思い切ったキャンペーンも珍しい。

なぜ、そうまでして、紙を減らしたいのだろうか。この大学のプレスリリースを見ると、今まではインターネット出願を行っていたが、出願率は五％にも満たなかったらしい。これを大胆に変えたいという。結果次第では来年度以後、紙での願書受付はとりやめるとまで書いてある。

表向きの理由はエコである。「節約できる紙、なんと東京スカイツリー三本分」という広告も展開されていた。紙の印刷物が環境に悪いというのは使い古されたキャンペーンである。これは印刷業界から何度も反論しているように、環境負荷の定義の問題であって、かならずしも真実とは言えない。それでも現在社会の暗黙の了解となっているようで、表だって「紙の削減によるエコ」と言われると反論しづらい。

実際のところは、紙の願書廃止による事務手間の削減が目的ではないかと推測する。まさに「東京スカイツリー三本分」の願書が事務局に舞い込んだら、その処理は大変だ。そして、その紙の願書も紙のまま処理されることはなく、願書は手でコンピュータに入力されるはずだ。なにせ入学願書のこと入力間違いなど絶対に許されず、二重三重のチェックなど相当な手間がかかるものと思われる。またその入力作業は一時期に集中するわけだから、臨時雇用か、外注で対応せざるを得ないだろう。

これがインターネットによる出願となれば、受験生に直接コンピュータに入力してもらえるわけで、入力ミスはあくまで自己責任ということになる。そして膨大な紙の書類も事務局に届かない。コンピュータさえしっかり動いてくれれば、臨時雇用も外注もいらない。プログラム開発そのものは大変な手間かもしれないが、それ自身は大学事務の閑散期に作ってしまえる。受験生にとっても、紙への記入や郵送の手間から解放されるわけで、受験直前、少しでも勉強時間を確保したいときにメリットはあると思う。

ただ、印刷会社にとってはインターネット出願の完全実施は膨大な数の願書や入試要項の印刷需要が失われることを意味する。これは中小印刷会社にとっては大打撃だろう。こうした印刷の元請けは大手かもしれないが、実際に細かい印刷を行ったり、願書や説明書などをセッティングして封筒に詰めたりするのは中小の会社が行っていたはずだからだ。おそらくこのままインターネット出願が義務化されれば大変な額の需要が失われることになる。もちろんそんなことは何年も前から折り込み済みだろうし、今の印刷会社なら社会のニーズに合わせて事業再構築を考えているこことは思うが、実際の作業を行っているような会社の再構築は難しいだろう。

しかしこの件でおもしろいのは、ここまでのキャンペーンをしなければ紙の出願が減らなかったということである。二〇一二年までのインターネットと紙の出願率の比較が出ていたが、インターネット出願最初の年こそ、物珍しさからか六％ほどのインターネット出願があるが、それ以後は三％程度に低迷しているらしいことだ。おそらくこの結果は大学にとっては予想外のことで、それが今回の受験料割り引きにまで至ったものと思われる。

受験生の心理は読み切れないが、まだまだ、紙への安心感と信頼感は若い世代といえども根強いのだろうか。あるいは「かみ」たのみというような験《げん》担ぎがあったのかもしれない。

電子式年遷宮挙行

二〇一三年は伊勢神宮も出雲大社も式年遷宮[82]ということでマスコミをにぎわせた。

わが家でも、今年は電子式年遷宮挙行の年となった。いや、そんな大げさな話ではありません。古いビデオＤＶＤ[83]を新しいＤＶＤに移し替えたのだ。そうしないと、子供の誕生のころから撮り溜めた映像が見られなくなってしまう。動画データは何年かに一度新しい媒体に移し替える作業を行わないと、すぐに見ることができなくなる。

元々は８ミリビデオカメラ[84]で撮った映像だった。それをテレビ画面で簡単に見るためバックアップの意味もあってＶＨＳ[85]に移し替えた。これが一回目の式年遷宮になる。二回目の式年遷宮は数年後、このデータをハードディスクタイプのプレーヤーに移し替えることだった。そして三回目の式年遷宮はさらに数年後、新しいハードディスクタイプのＢＤ（ブルーレイディスク）プレーヤーを買ったときに、このハードディスクの動画をＤＶＤ‐Ｒ[86]に焼いたことだ。ファイナライズという儀式をおごそかにとり行い、一二枚のＤＶＤ‐Ｒが出来上がった。

さて、久しぶりにこの動画を見ようと思いたって、このＤＶＤ‐ＲをＢＤプレーヤーにセットしたら、これが再生できないのだ。なにか規格の微妙な違いがあるらしい。幸いなことに、このＤＶＤ‐Ｒはパソコンでは再生できた。家内の要望で、パソコンを経由してＢＤに移し替えるという作業を行うことになった。ついに四回目の式年遷宮である。

これが大変だった。動画は規格がやたらに多い。しかも、さまざまな設定が必要だ。うまく書けたと思って、ＢＤプレーヤーで再生してみても、画面に映るのは斜めの筋だけだったり、人物が縦に引き伸ばされたりする。さんざ試行錯誤の末、やっとなんとか見られる動画がＢＤに収録できた。考えて見れば、８ミリビデオカメラのころからテレビも画面縦横比四：三アナログから一六：九のデジタルハイビジョンへと変わっている。そして、それで終わりではなく、すでに次世代テレビとして３Ｄとか４Ｋ[87]とかがもてはやされている。

今後はデータがいつのまにか読めなくなるという事態を避けるため、機械の買い換えとかのイベントがなくても、数年に一度は新しい媒体への移し替え、「電子式年遷宮」を行う必要があるとつくづく思った。

動画の場合は極端だが、印刷用の電子データも昔のものは読めなくなりつつある。電算写植のデータはもうまったく読めない。苦労して変換すればテキストだけは救えるかもしれないが、レイアウトはまず無理だ。ＤＴＰの初期データも今はまず読めない。ＤＴＰソフトに新しいバージョンが出るたびにやはり変換して移し替えておく必要があるだろう。

もともと、電子データというのは、本を刷る時に使う中間データという位置づけで、データ自体は再版でもない限り、それほど重要という意識はなかった。しかし、当然のことながら電子書籍時代にあっては、この電子データこそが重要となる。ボーンデジタルで電子書籍として利用するのなら、そこに必要なのは紙でもフィルムでもなく電子データだけである。当然、このデータは長期保存に耐えてもらわなければならない。物理的な保全も大事だが、その上で、将来にわたってデータとして利用できなければ意味がない。今主流のＰＤＦやＥＰＵＢなどというものが果たして長期にわたって再生が保証できるのだろうか。

となると、電子式年遷宮が絶対に必要となってくる。図書館のデータまるごと、あるいは、印刷会社のデータまるごと、定期的に式年遷宮をやって新しいフォーマットと媒体に移し替えねば、データの永続性は保証されない。むしろ、電子データは式年遷宮されることを前提として設計するということが必要なのではないか。

「今年は○○図書館の電子式年遷宮の年です」とおごそかに、テレビ中継がされるという時代が来るのかもしれない。

方眼紙エクセル

エクセルは便利なソフトである。縦横の行と列がすぐに計算できてしまう。経理全般に役立つのはもちろんだが、経営者としては、給与シミュレーションとか、資金繰り計画などに重宝する。エクセルが、学生のころにあれば、実験データの集計なんかあっというまにできたのにと今さらながら。

印刷会社をやっていて、最近、原稿がエクセルファイルというのが増えてきているように思う。ただし、これはエクセルが集計に便利だということより、単なる罫表作成用ソフトとしてエクセルを使っているのではないかと思えるものが多い。集計機能なんてまるで使われておらず、律儀に文字や数字を枠内に並べているだけだったりする。普通、文字原稿はワードファイルで入稿されるが、ワードで罫表を作るのはあまりに面倒で、よほど慣れた人でないと使いこなせないことが背景にあるとみた。

そもそも、日本人は罫表が好きだ。なんでもかんでも線で囲みたがる。枠の中に閉じ込めたがる。これは日本語が枠の中に収まりやすいということも一因だろう。欧米の場合、いわゆるプロポーショナルフォント[88]になる上に、単語の途中で行を切ることを嫌うから、枠の中に収まりづらい。だから、欧米では縦罫を使わず、横罫とＴＡＢだけで作表を済ませてしまう。ワードはその文化の中で作られたソフトであり、縦罫を多用する日本語では使いにくいのかもしれない。

　これがエクセルなら、縦横に罫線が引けて、自由に罫表が作れる。慣れた人だと役所の申請書のような複雑怪奇なフォーマットでもエクセルで作り込んでくる。このさい、多用されるようになってきているのが、「方眼紙エクセル」と言われる技法だ。これはデフォルトでは横長の矩形であるセルを細かい正方形のセルに設定してしまい、必要に応じて、セルを結合してひとつの枠として使うというものだ。

　この方眼紙エクセル技法は縦横が整然と並んでいない表の場合、威力を発揮する。住所の欄は長く、名前のふりがなの欄の幅は狭く、チェックボックスは横幅の小さい枠が大量にというような帳票だ。大きい欄の場合は、方眼紙に区切られたセルを縦三升、横二〇升くらいを結合して一セルにする。小さい場合は、一升一セルでもいい。これで見た目は綺麗な帳票ができる。

　まさしく、方眼紙だ。昔の版下のように方眼紙の上にロットリング[89]で線を引いたり、写植を貼り込む代わりに、エクセルのセルを細かくすることで台紙として使っているわけだ。

　こんな使い方は、開発したマイクロソフト自身は想定もしていなかったことだろう。罫表好きの日本人に合わせた工夫だなあと思う。見事なものだと、本当に版下として使えてしまうレベルのものができてしまう。

　もちろん、こんな方眼紙エクセルというような使い方は邪道である。見た目を優先させた作り方であり、コンピュータの使い方としては正しくないからだ。方眼紙エクセルでは本来のエクセルの目的としているデータベースとして使うことができない。ＤＴＰの罫表機能の代替としてエクセルを使っているに過ぎない。

そもそも、データベースとして使えないような申請書形式の帳票って意味があるのだろうか。私もよく役所の申請書や各種の業界団体の入会届けに罫表でいっぱい囲まれた紙のフォームに記入することを求められる。これが実にめんどくさい。手書きなんてとうの昔にできなくなっているので、だいたいはフォームをスキャンして、インデザインに画像として貼り付け、その上で、テキストを書き込む。しかし、これはあまりにばかばかしい。これぐらいならＷｅｂ登録させるか、シンプルエクセルにしてもらいたいと思う。

方眼紙エクセルは紙帳票の時代から、コンピュータデータベースの時代の狭間に咲いたあだ花のような気がしてならない。

初音ミクを知っていますか

初音ミクをご存じだろうか。

名前を聞いたことがあるという方は多いと思うが、その正体を正確に言える方はあまり多くないのではないか。私も『初音ミクはなぜ世界を変えたのか？』（著：柴那典、発行：太田出版）という本を読むまでは、あまり知らなかった。

初音ミクはバーチャルアイドルである。ただし、それだけでは何もわかったことにならない。バーチャル？アイドル？って一体なんなのだ。

バーチャルとは「仮想の」という意味である。バーチャルメモリとかバーチャルリアリティという言葉にも登場してくるが、実際にはそこに存在しないが、あたかもあるかのように振る舞うという意味の形容詞だ。アイドルはまあそのまま日本語でも通用する。本来の意味とはやや違うが日本では大衆的な人気をもつ歌手とかモデルのことだ。アイドルにバーチャルがつくから、仮想のアイドル。実際にはそこにいないのに、アイドルのように振る舞う存在ということだ。

スクリーンに映し出された、ＣＧアニメの歌う初音ミクに向かって、男の子たちがペンライトをふって応援する。あたかも実際にそこにいるかのように。これがバーチャルアイドルである。

しかし、それでも、まだ本質にはたどりついていない。

初音ミクの正体は実は音声合成ソフトの商品名である。楽譜を入力するとその通りに正確に若い女性の声で歌ってくれる。本来はそれだけのものなのだ。人間でもなく物ですらないソフトにすぎないのだ。そこに、緑の髪の具体的な少女のイラストを添えたところから、バーチャルアイドルへと進化していった。特筆すべきは、このバーチャルアイドルへの進化が、ネット空間の中で自然発生的に起こったということだ。

若者の間では自己表現の手段としての作詞や作曲は珍しいことではない。自作の詞や曲を演奏するバンド活動もいつの時代も盛んだ。ただ、楽器は練習すればある程度きれいな音が出る。ただ、ボーカルはかなり訓練しないといい声は出ない。音程もとりにくい。そこで自作曲を歌ってくれる初音ミクが重宝されたわけだ。

そうして初音ミクに歌わせた曲は、動画投稿サイトのニコニコ動画などで発表する。そして、その曲が良ければ、だれかがそれにイラストを組み合わせてまたニコニコ動画に載せるということが起こる。またＣＧ動画を作って、初音ミクに歌わせながら踊らせるという動きも出てくる。こうして初音ミクはネット空間を通じて、どんどん拡大していく。いわゆる二次創作[90]である。作詞家・作曲家・振り付け家・歌手といった音楽産業での役割分担が、ネット空間の上で自然発生的に生じて、お互い知らない者同士が共同しながら初音ミクを育てていったわけだ。この共同行為の総体が、バーチャルアイドルとしての初音ミクということになる。

重要なのはこういう共同作業が成立するためには、著作権の考え方を根本的に変える必要があることだ。二次創作についてはルールを決めて、著作権の縛りがこうした自主的な創作活動を阻害するようなことがあってはならないからだ。実際、初音ミクを発売するクリプトンは二次創作について、大きく認める宣言をホームページに掲載している。紙の本を前提とし、せいぜいが音声レコードぐらいしか考慮にされていない著作権の考え方がすでに時代に合っていないことを初音ミクは語りかけてくる。

さてここで、初音ミクと印刷がどう関係するのかと問おうとしたあなた。今から三〇年近く前になるが、CD-ROMなどによるマルチメディアが登場したとき、それを印刷会社で扱ったり、ライバルになることを考えただろうか。バーチャルアイドルも成長産業であることと、コンテンツビジネスの一種であることを考えたら、印刷会社と関係ないと思うより、取り込む方が得策だと思うのだ。著作権の考え方の変容なんて、まさに印刷会社の関連領域でもある。

第四章　本の未来をめぐる攻防

本づくりの歴史

私は印刷業を生業とする家に生まれた

私は印刷業を生業とする家に生まれた。父も祖父も曾祖父も印刷会社を経営してきた。いわゆる家業という奴だ。創業は曾々祖父の代になる。四代前だ。もちろん、家業が印刷業と言っても先祖代々まったく同じビジネスモデルで商売を続けられるほど世の中は甘くない。創業者の曾々祖父は木版印刷[91]が主流だった京都の印刷業界に金属活字[92]による印刷技術を持ち込んだ風雲児だったたし、祖父は戦争中の物資不足や、戦後のインフレを生き抜いてきた。父は戦後、主な得意先であった公官庁の伝票などの事務用印刷から、学術書を中心とした出版印刷に得意先を変え、かつ活版印刷の機械化に力を注いだ。

私の時代はと言うと、まず、活版印刷専業だった会社をコンピュータ組版と平版印刷[93]の会社に変えた。一九八〇年代のことだ。これだけでも、代々のご先祖様に比べても大きな仕事を成し遂げたと自負している。正直言って、これだけ大きな仕事を成し遂げたのだから、当時、俺の代の仕事は終わった、このあとは利子や配当で暮らせるなどと甘い幻想に浸っていたものだ。もちろん、時代がそんなことは許してくれなかった。言うまでもないが、コンピュータに転換後の経営者人生はバブル崩壊[94]、出版不況、そして電子書籍という印刷そのものを必要としない技術の台頭。息つく暇もなかった。今や、電子書籍をはじめ、紙のない印刷ビジネスに翻弄される毎日である。

大変換、大転換は一世代に一回ぐらいは仕方がない。そうでもなければ世界の変化にはついていけない。市場は変わり、技術は変わる。先祖代々同じことを続けて、生き抜けるほど企業社会は甘くない。それは十分に承知だ。それにしても、一世代三〇年足らずの間に、活版の電算化と電子書籍化と二回も大転換に遭遇するとは思わなかった。

活版の時代

その昔、三〇年ぐらい前までは印刷と言えば活版印刷のことだった。とくに書籍は活版で作られるのが普通で、だからこそ今でも「活字」という言葉が、文字印刷そのものを意味する言葉となって残っている。「活字離れ」とか「原稿を活字にする」といった表現を一度は聞いたことがあるだろう。活字は鉛でできたはんこのようなものだ。ただはんことは違って一字、一字が一本の活字に分かれており、一本一本は細長い直方体のかたちをしている。四角いから並べれば、文章が組み上がる。

今では、ほとんど見なくなってしまったが、少し前まで、町々には活字を並べた印刷屋というものがあって、名刺や年賀状、そして商店街の伝票というようなものを印刷していた。印刷屋は、

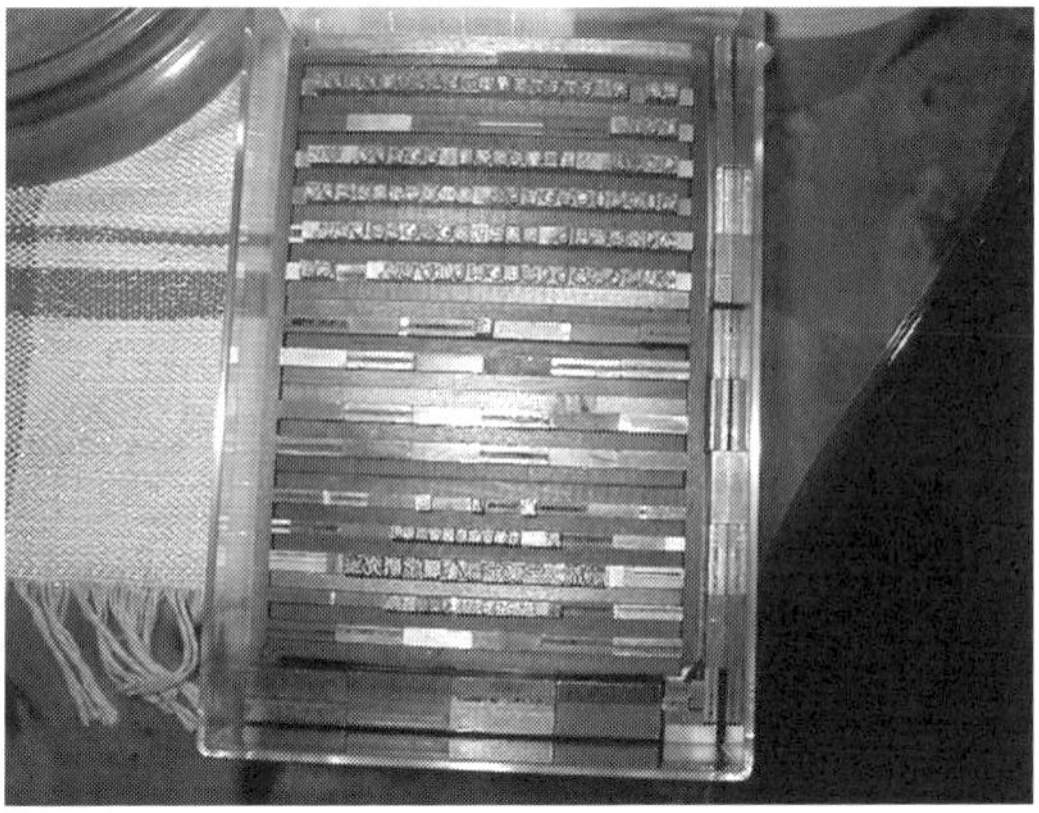

活版

商店街の中で少し異質ではあったが、八百屋や文房具屋のように扉が開かれ、外から活字の棚を見ることができた。時には印刷機械が動いているのも見えた。印刷屋の親父さんは上手に活字を拾って版を作り、若い工員さんがそれを機械にのせて印刷する。書籍の類は、名刺や年賀状より多くの活字が必要なため、もう少し大きな工場で作られていた。それでも工場の中では人が活字を拾い、数多く並べられてはいたが、印刷機で印刷しているところは町の印刷屋と変わりない。大きい会社でも小さな印刷屋でも、鉛の活字を並べて、凸版印刷機[95]で印刷するところはまったく変わりない。新聞や雑誌などのさらに大部数になると輪転機[96]というもっと大きな印刷機が使われていたが、それでも、文字を組むのは活字を拾い集めて並べるというところは変わらなかった。

実はこの活版技法は五〇〇年間変わっていない。鉛の活字を鋳物で作り、文字を一字一字拾い集め、並べて印刷機にかけるというやり方はドイツのグーテンベルクが一五世紀中ころに発明したときとほとんど同じだったのである。おそるべきは、その細部まで同じだったということだ。たとえば、活字を鋳造するのに使われていた鉛は純粋の鉛ではなく、すずやアンチモンをいれた合金なのだが、この成分がグーテンベルク発明当時とあまり変化していない。それほどグーテンベルクの発明の完成度が高かったとも言える。確かに、印刷機は木製のものが鉄製になったり、輪転機になったりと、高速大量を目指してさまざまな改良があったし、活字の方も当初のラテン文字のみから、世界中の文字が作られるようになっていた。一九世紀には日本に先駆けて、中国で漢字印刷が始まっている。グーテンベルクも自分の発明した活版印刷が漢字を印刷するなどとは思ってもいなかっただろう。しかし、それでも、活版の基本的な鋳造した活字を拾って並べるという技法は五〇〇年間変わらなかった。

もっとも、技法が変わらなかったのは、代替する技法が現れなかったからで、一九世紀ごろになると問題が顕在化してくる。印刷機の速度にこの鉛を拾って並べるという活版製作作業が追いつかなくなってしまったのだ。とくに新聞の普及は、印刷組版に速度を要求した。入力の非常に速いタイプライターは一九世紀後半には実用化されており、活版組版と比較して圧倒的な印字の速さは誰もが注目するところだった。ただし、タイプライターでは、コピーが一部しか作れない。また、品質も活版よりもはるかに劣った。タイプライターの速度と印刷の品質を兼ね備えた機械、それは当時の印刷業者の夢だったのである。

これを実現するために数多くの発明家が挑戦したが、最終的に成功したのは、ドイツ生まれのアメリカ人、マーゲンターラーのライノタイプと、同じくアメリカのランストンのモノタイプである。どちらもタイプライター状のキーボードに文字を打ち込めば、活字となって出力されてくる（鋳造される）。これを職人が整えるだけで、印刷機械にのせられる活字の版が出来上がる。簡単なことのようだが、欧文は今でいうところのプロポーショナルスペーシングフォントを使う。iとMで文字の幅が違うのである。しかも、欧文ジャスティファイと言って、単語を並べても、行末が揃う。この複雑な組版を歯車とてことという機械的な機構で成し遂げたのだから印刷技術の金字塔である。それは一九世紀機械文明の頂点と言ってもいい。

ライノタイプとモノタイプは欧米では広く使われた。新聞の高速化に大いに寄与したと考えられる。では日本ではどうだったか。日本語組版には、プロポーショナルスペーシングこそ使わなかったが、漢字という欧米からすれば化け物のような文字が必要だった。欧米で使われるラテン文字は、A〜Zまで二六字。大文字小文字入れても五二字。それに?や!、―、（）などの約物を入れても一〇〇字あれば表現できる。漢字はどうだろう。普通に考えても、二〇〇〇字は必要だ。ちゃんとした印刷に使おうと思ったら、四〇〇〇字から五〇〇〇字は必要となる。一〇〇字と五〇〇〇字、単純に考えても五〇倍、まさに桁違いの困難さと言っていい。しかも、漢字は画数が多く、鋳造の難度も高い。だから、日本では活版自動化は遅れた。第二次大戦前、開発も試みられたが、あまり実用にならないまま戦争が激化して開発は途絶える。

写植とモノタイプ

その間、日本では写植という独自の技術が発達する。写植はのちに写研の祖となる石井茂吉と、のちにモリサワを作る森澤信夫が協力して開発に成功したもので、写真で組版を行う機械である。漢字やひらがなを並べた文字盤を作り、これを一字ずつ写真で撮影する。一字写すと一字分印画紙を移動させる。そしてまた、一字写すことで、文章をかたち作る。これだと、文字盤が一枚あれば、何字でも無限に印字できるので、活版のように膨大な活字とそれを収納する場所、鋳造機などを必要としない。

写植は日本語向けの機構でもあった。欧文組版では先述したようにiとMの幅を変えるプロポーショナルスペーシングが必要なので、もし写植で欧文を印字しようとすると、印画紙の字送りが複雑になってしまう。また単語間のスペースも扱いづらい。その点日本語はひらがなも漢字も、同じ大きさの正方形に収まる。こういった文字体系にこそ写植は向くのである。

写植は、第二次大戦で、ほとんど活版の設備が灰燼《かいじん》に帰したため、注目を浴びることとなった。とくに、戦災で焼失してしまった諸橋轍次の『大漢和辞典』[97]の活版組を写植で組み直したことは、写植の威力を出版界に知らしめることになった。これ以後、平凡社の大百科事典など写植で作られる本が増えていく。また、写植は単に活字を代替するだけでなく、文字盤を替えるだけという手軽さから、さまざまな書体[98]の文字盤が開発された。用途によって書体を使い分けるということが日本語でも可能になったのだ。おりしも高度経済成長時代、広告文化が華盛りとなり、商業デザイナー向けにさまざまな書体が開発・提供された。

しかし写植には致命的な欠陥があった。写真印画紙に文字を焼き込んでいくので、訂正が効かないのである。訂正があれば、訂正の一字だけ印字し、それを訂正される字の上に貼り込んでいく。一字ならまだしも、一字のところが二字になったりするだけで、すべてに字送りが必要となり、結局段落ごと丸々やりかえねばならない。すると、その一からやり直した段落にまた別の間違いが生じる可能性が出てくる。これでは永遠に校正が終わらない。

広告デザインなら、文字の入る場所はあらかじめ指定されているから、それほど文章が変わることはない。訂正は単に入力間違いを正すだけでいい。ところが書籍の場合は、初校ゲラ[99]が出てから、著者がおもむろに手を入れるということが日常茶飯事である。むしろ、原稿は初校で訂正ができることを前提にしていた。だいたい、原稿が原稿用紙のマス目に丁寧に並んでいることはまずあり得ない。手書きの原稿では、推敲の結果、欄外が書き込みだらけだったりすると、著者自身も、どこがどの文章につながっているのかわからなくなっている。こういう場合、著者はまずは活字にして、文章を確かめるのである。活字になったゲラを見ながら原稿を最終的に仕上げるといった癖のある著者は多かった。

これでは、写植はお手上げである。訂正ごとに一から全部打ち直しになってしまう。その点、活版は活字を差し換えるだけだから、訂正は楽である。極端な例では、私自身、機械に組み付けられた状態の活版の文字を差し替えている現場に遭遇したことがある。それぐらい訂正に柔軟だったからこそ、書籍印刷には活版は欠かせなかった。

ところで、日本語活版モノタイプだが、戦後開発は再開したものの、なかなかうまく動いてくれなかった。やはり文字数の壁が大きいのである。その中で、小池製作所が、同じ原稿から、出現頻度の高い字と低い字を抽出して分けて作っておき、あとで自動的に組み合わせるという技法で文字数の問題を乗り越える。複雑な機構ではあるが、実用になる日本語モノタイプを作り出したのである。しかしもう一九六六年になっていた。アポロの月着陸三年前だ。一九六六年、宇宙では米ソの開発競争が繰り広げられていた。

月面着陸と電子組版

一九六九年アポロ一一号が月に降り立つ。

それは、ロケットという巨大テクノロジーと、訓練された宇宙飛行士の操縦技術の勝利ではあったが、それ以上に、コンピュータの勝利だった。一九四五年の真空管式のコンピュータENIACを皮切りに、電子計算の技術は急速に発展し、一九六〇年代には計算だけでなくあらゆるところに電子計算機が使われるようになっていた。機械制御もそのひとつだ。電子制御の時代の始まりだ。アポロはその最先端でもあった。

ご存じのように、アポロは少年時代のわたしたちを興奮させ、未来への期待をいやがおうにも高めたが、その夢は数年で潰《つい》える。アメリカはベトナム戦争の泥沼化で宇宙開発どころではなくなっていたし、そもそも宇宙開発は投資への見返りが少なすぎた。月着陸の先陣争いというソ連との宇宙開発競争に勝利したあとは、アメリカはそれ以上の宇宙開発を行う必然性が失われてしまったのである。しかし、アポロで培われた高度なプログラミング技術はコンピュータの発展とともに、さまざまなところに利用されていく。そのひとつが文字組をコンピュータで行う電子組版だった。

七〇年代初頭、アポロ一一号に引き続き、次々と月への着陸が行われていたころ、日本の新聞社は日本語電子組版システムに挑戦し始める。そしてその日本語組版開発に投入されたのは、アポロ計画が縮小になって配置転換を余儀なくされたIBMの最高の技術者だった。かれらはこう嘆息したという。「日本後組版は人間を月にやるより難しい」(杉山隆夫が『メディアの興亡』というノンフィクションで紹介している)。日本語組版には、プロポーショナルスペーシングもジャスティフィケーションもないから簡単だと思われるかもしれない。そのかわりに、縦書き、横書きの混在や欧米人にとって悪魔の文字、漢字という難題があった。漢字の膨大な字数と複雑なかたちはコンピュータ技術者を悩ませ続けることになる。その上、日本語組版は日本語の中に欧文を混ぜることも普通に行われる。その場合、欧文だけがタイプライターのように等幅の書体というわけにはいかない。つまりは結局プロポーショナルスペーシングもジャスティフィケーションも必要なのだ。日本語組版とは日本語と漢字のもつ複雑な組版にさらに欧文の機能も合わせて可能にするものでなければならないのだ。確かに人類を月に立たせるより難しかったというのは偽らざる心境だろう。

それでもまがりなりにも日本語電子組版が実用化されたとき、その性能に印刷関係者は目を見張った。電子組版は、写植の利点――莫大な活字やそれを収納する棚（「馬」とも言う）や鋳造設備を必要とせず、書体も豊富に使える――と活版の利点――訂正が簡単に行える――の両方を兼ね備えていた。これはもう写植も活版もどうやっても太刀打ちできない。

やがて電子組版は印刷業界全体を巻き込んでいく。写植のメーカーであった写研は一九七七年、モリサワは一九八〇年、海外の電子組版機メーカーの技術を導入し、これに日本語機能を搭載した電算写植と呼ばれる機械を市場に投入する。当初は非常に高価なものだったが、おりしもワープロやパソコンの普及期でもあった。電子組版機器は急速に値段がこなれ、性能も飛躍的に向上する。一九八〇年代、おそらく後世の歴史家は日本がもっとも繁栄した時代と記述するだろう。日本は好景気に沸き、印刷需要もうなぎ登りだった。もっと速く、もっと大量に組版をこなせる電算写植は引っ張りだこになっていき、あっというまに全国の印刷会社に導入が進む。

私の個人的体験

一九八五年、私は短いサラリーマン生活に終止符を打ち、家業の中西印刷に入社した。東京で少しコンピュータ関係の仕事をしたあとでのことだ。私のコンピュータの知識が家業の印刷会社に役立つだろうと父が期待していたのは想像に難くない。

父はそのころモノタイプに腐心していた。私はまずモノタイプに取り組まねばならなかった。活字の自動鋳植機であるモノタイプはキーボードから入力すれば、その通りに活字が並んで出てくる。それでも手動写植や電算写植と違ってあくまで活版の枠内での自動化だった。印刷、ことに文字印刷は活版で行わねばならないという信念は一九八〇年代半ばになっても印刷会社の間ではまだまだ強固だった。もちろん、電算写植機はすでに登場していたわけだが、極めて高価だったし、性能的にも制約が多かった。なにより出力できる漢字の字数が限られていた。だからこそ、父は電算写植よりモノタイプにこだわっていたのだ。モノタイプは活版の枠内での機械化であり近代化なのだ。素性は活版なのである。手拾いの活版がもはや時代遅れであることは、いかに頑固な父といえど、認識していた。しかし、モノタイプは活版の機械だが、キーボードによる入力という点では極めて先進的な代物だった。モノタイプはさらに手拾いとの併用も可能だった。大部分のよく使われるカナや漢字はモノタイプで出力しておき、あとで難しい漢字だけを手拾いして合体させることも可能だったのだ。活版こそ、印刷の王道と信じて疑わなかった父にとってモノタイプは理想の機械だったのだ。

父が次世代のモノタイプに期待していたのは、ワープロとモノタイプの融合である。ワープロは文字入力の点で画期的な技法を産んでいた。カナ漢字変換である。ワープロ以前の漢字入力は、漢字すべてを並べた全字配列キーボードというものを使っていた。当然、モノタイプのキーボードも全字配列だったし、初期の電算写植も全字配列キーボードを使用していた。慣れれば、全字配列でもかなりの速度で入力可能だったが、習得に時間がかかり、オペレーターは限られていた。その点、ワープロは習得が簡単で、入力者はいくらでも確保できた。また、ワープロでは文字の修正が画面上で目で見て可能だった。今では当たり前の機能だが、当時の全字配列キーボードにディスプレイはなかった。だから、入力しても出てくるのは穴のあいた紙テープ（鑽孔テープ）だけで、モノタイプで出力するまで、どんな入力がされたかがわからない。これは大変な工程上のロスを呼ぶことになる。入力時点での一行とばしやダブリなどとんでもない間違いをしていても活字に出力して校正ゲラを出すまでわからないのである。

鑽孔テープ

ワープロで入力と校正出力・訂正を行い、もうこれで間違いがないという校了になった時点でモノタイプから活字を出力するシステムを父は構想していた。父はこのシステムを電算活版と名付けて大いに売り出そうとしていた。そのために活字出力のためのモノタイプ用のデータをフロッピーディスクに収納したり、ワープロのデータをモノタイプ出力用の鑽孔テープに出力するというモノタイプ用電子編集校正機をわざわざモノタイプメーカーに特注するほどの懲りようだった。私が最初に取り組んだのがこのモノタイプ用電子編集校正機である。

しかし、このモノタイプ用電子編集校正機に取り組んでみればすぐわかることだが、ここまで電子的に編集作業を行うのだったら、出力が活字である必要がまったくないのだ。電子編集校正機から高品位の印字出力さえ得られれば、わざわざ活版に出力す

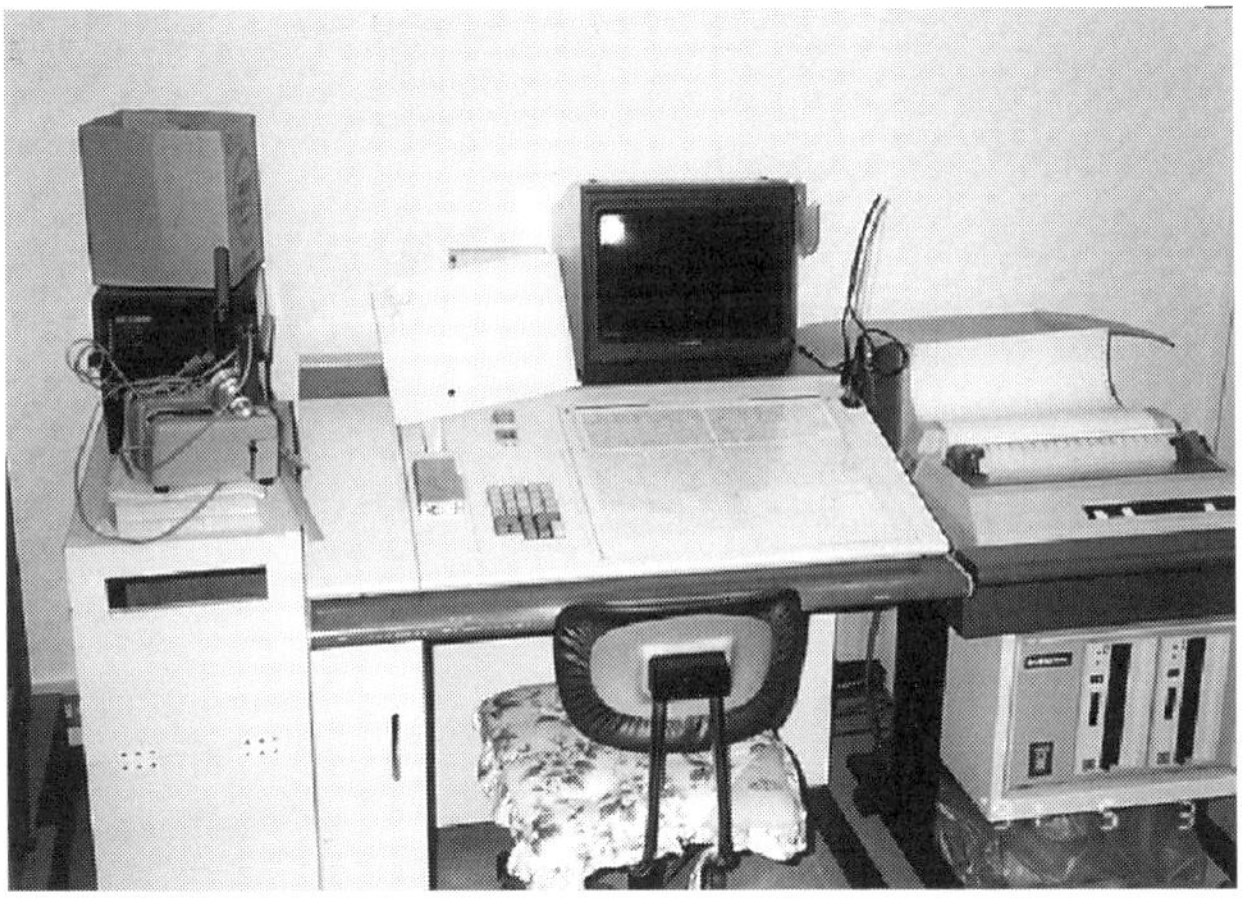

モノタイプ用電子編集校正機

るという手間をかけなくても十分印刷用の版下が得られるのである。

入社したての私は父と何度も話し合った。ところが、父の「活版こそ印刷の王道」という信念は揺るぎなかった。電算活版こそが二一世紀までいたる印刷の究極の姿だと言い張るのである。確かに父の言うことにも一利あった。電算写植機の漢字の字数不足問題、電算写植では不可能な数式や漢文などの複雑な組版の存在など、当時の技術ではまだ活版が勝っているところも多かったからである。しかし、それらが本質的な問題でないことは明らかだった。取り扱える漢字の字数も複雑な組版も、毎年のように登場する新型の電算写植機はどんどん克服していたからである。どう考えても、印刷が活版でなければならないという理由がなくなっていたのである。

致命的なのは、モノタイプは活字を拾うところまでしかできない点だ。単純に活字を拾うだけではページは出来上がらない。上下左右に余白を空け、ノンブルや柱を付け、タイトル字を大きくし、写真や図表を入れ、それにキャプションをふってやらないとページは出来上がらない。モノタイプだと、結局こういう作業は機械化できず、植字という、やはり職人の手作業になってしまう。文字拾いは自動化できても、ページ作成は自動化できない。これでは自動化、機械化しても中途半端である。このことを痛感したのは、図書館データベースをこの電算活版システムで出力するという仕事を行ったときのことだ。データベースはコンピュータ用の磁気テープ[100]で支給され、これをモノタイプ用のデータに変換する。このプログラムは私が書いた。このやり方なら、今まで文字拾いや全字配列キーボードからの入力に何日もかかるところが一瞬で済む。しかし、そこまでだ。モノタイプにわたしてからあとは、植字の職人が今までとまったく変わらないペースで植字作業を行っていた。電算写植機ならば、この植字作業まで自動化できる。

これはもう活版ではだめだ。私はつくづくそう思った。

そして父を説得して、電算写植機を導入することとなった。私の入社後一年後のことだった。

電算写植からさらにDTP、電子書籍へ

もちろん、電算写植が導入されたと言っても、しばらくは活版と電算写植が会社内に共存していた。まず欧文組版は、電算写植が圧倒的に便利だった。活版職人を悩ませ続けた、プロポーショナルスペーシングやジャスティフィケーションがいとも簡単にできてしまうのだ。それに電算写植最大の難点だった使用できる漢字数が足りないという問題も欧文ならまったく関係がない。したがって、欧文組版や和文でも簡単な組版は電算写植で、数式や漢文などの複雑な組や漢字の多い本は活版でという使い分けの時代が数年続く。ところが電算写植の漢字の問題はあっというまに解決がついてしまった。書かれた文字をスキャナで取り込んでフォント[101]化する装置が実用化されたからである。これで、漢字が足らなければ、作ってしまえばいいことになってしまった。もちろんメーカーから供給される字数もどんどん増えて、実用上はほとんど問題なくなってしまったことも大きい。数式や漢文といった電算写植には不得意と言われた厄介な組版もバージョンアップのたびに可能になっていった。

そして一九九〇年代を迎えると活版を続けようにも続けられなくなってしまう。活版をやめる印刷会社が相次いだ結果、活版資材の供給そのものが止まってしまったのである。そこには資本主義の冷徹な原理が働いた。いくら活版資材をほしい会社があっても、供給側は需要が少なくなり、損益分岐点を割った時点で供給そのものを止めてしまう。写真用の銅版[102]がなくなり、罫線

を入れるための亜鉛板がなくなった。もはや活版の継続は不可能と言ってよかった。

父は一九九一年に活版の廃止を決断。中西印刷は一九九二年六月に活版組版から撤退し、工場を閉鎖した。電算写植導入からわずか六年。誰もがこんなに早く活版の終焉を迎えるとは思っていなかった。もちろん私も。実に、明治の活版の導入から数えると一二一年目のことだった。「活版の中西」が活版をやめるのは時代の象徴のように言われ、マスコミからの取材が相次いだ。

私は、これでひと仕事終えた思いだった。電算写植をこれだけ使いこなせる会社はそんなにはないだろうし、絶対に他の印刷会社とは競争優位に立てると思っていた。実際、電算写植で活版のような難しい組版を行える会社として評判になり、引き合いは多かった。一九九〇年代前半はバブルの余韻が残っているころで、印刷価格もまだそんなに下がってはいない。私はまだ三〇代半ばでしかなかったのに、もう引退して悠々自適の生活などということすら考えていた。

ところが、足下ではさらに次の革命が進行していた。ＤＴＰの登場である。

ＤＴＰはDesk top Publishing、机の上で出版ができるという意味の造語だった。つまり、机の上に載るぐらいの小さな設備で電算写植のような組版を可能としてしまったのだ。それを担ったのはアップルのマッキントッシュである。それまでのコンピュータは電算写植も含めて、大がかりな設備と、素人ではとてもわからないプログラミング言語を駆使しないと使えない物だった。電算写植は組版言語[103]というものを使用していたが、これは線一本引くのにも、A座標とB

座標を定義し、そこに線を引くというコマンド[104]を書くという代物だったのである。そこへマッキントッシュはマウスひとつで、線を自在に引けたり、写真を配置することを可能にした。しかも安価だった。（もちろん、それ以前からこういう機械は存在したが、高価で一般的なものではなかった。）

当初、印刷業界はＤＴＰをおもちゃだと言って馬鹿にしていた。そんな安い機械と素人の組版でなにができるかというわけだ。私もその一人だったことを白状する。ところが、ＤＴＰの性能はあっというまに向上し、電算写植を時代遅れにしてしまう。

活版や写植そして、電算写植は高価で操作も難しく専門業者しか扱うことはできなかったが、ＤＴＰならマッキントッシュと少し性能のいいコピー機があれば印刷屋を開店できてしまう。そして、ＤＴＰの組版を高解像度で出力する出力センターといった業態ができ、印刷会社ではなく出版社が自前で組版しても、出力センターに持ち込めば簡単に高解像度版下ができるようになってしまった。

二一世紀の始まるころ、電算写植は完全にＤＴＰに駆逐されてしまう。登場から、わずか二〇年。思えば、電算写植は活版や手動写植からＤＴＰ組版にいたる過渡期に一時的に存在した製品にすぎなかったのだ。いや過渡期というなら、コンピュータで紙の本を組版するという方法そのものが過渡期の産物だったことを思い知らされることになる。コンピュータの画面で組版して、それがそのまま他のコンピュータの画面で読めるなら、紙にする必然性がない。電子で組版して、電子のままで読めばいい。電子書籍、オンラインジャーナルの時代の到来である。

活版が終わったとき、実は紙の本も終わっていたのかもしれない。

活版博物館から

うちの会社には小さな活版博物館がある。博物館と言っても倉庫の片隅に、活版の資材一式を残しているだけだ。二十数年前、活版を廃止するとき、亡き父が記念にと捨てずに置いておいたものだ。ここには昭和初期のプラテン[105]とか、おそらく世界中で当社にしかない珍しい文字の母型[106]とかを残して展示してある。それだけでなく、当時の職人の植字台や椅子などもそのままのかたちで残っている。おそらく、父はいざとなったら、いつでも活版が復活できる状態で残したつもりだったのだろう。結果として、当時の活版工場をそのまま切り取ったようなスペースにもなっている。

通常は非公開なのだが、ホームページに掲載していることもあって、最近、見学希望の方が見えるようになった。大学でマスコミや出版を専攻している学生さんやその道の先生が多い。宣伝にもなるので、見学希望は基本的に断ることはない。

見学された方は、みなさん活字の小ささに驚かれる。五号活字でも、指先で扱うとしたら相当に熟練がいるのは歴然。ルビに使う活字や、英字のｉなどは本当に小さく、よくもこれを並べて版にしたものだ。また、インテルや罫などはその存在も役割もあまり知られておらず、見学者の興味を惹くようだ。この本の読者もあまり知らないのではないか。インテルは行間を空けるときに使う活字と活字の間にはさむ板。これには木製と金属製があった。罫は文字通り、線を印字するための細い金属板である。これらを自在に扱った職人たちの手仕事に思いを馳せて、みなさん、満足して帰って行かれる。

しかし、満足して帰っていただけただけでは、宣伝にならないので、一応現在の会社の紹介もさせてもらうことにしている。活版の技を継いだＤＴＰシステムや最新のレーザーＣＴＰ、それにデジタル印刷機などなどを説明して、印刷物の発注につなげようというわけだ。

残念ながら、新しい機器は活版を見に来た人にとって、あまりおもしろいものではないようだ。ＤＴＰとＣＴＰはどう違うのかという説明をしたところで、印刷技術そのものに興味がない人にとっては何の意味もない。そして、みなさん異口同音にコンピュータと電子機器の並ぶ工場は「技術としての温かみがない」とおっしゃる。もちろん、中には新技術やデジタル機器に興味を示される人もいるが、これは技術そのものに興味があるというより、わずか二〇年でこれだけの変容を見せたということへの驚きによるものだろう。実際、私が考えても、大変な変化である。印刷業界は「もっとも遅く近代化が始まり、もっとも先端にまで一気に駆け抜けた業界である」のだ。

結局一通り電子機器を見せても、賞賛の声は活版技術の方に軍配が上がる。

「活版を残しておけなかったんでしょうか。すばらしい技術ですよ。私なら頼んででも活版にしてもらうなあ。紙に押しつけた凹みの味わいがなんとも言えない」

お客さん。でもそれは活版をやめる前に言ってほしかったなあ。活版の末期、職人さんがどうやっても集まらなかった。若い人はみんなコンピュータをやりたがったから続けようにも続けられなかった。それに活版の資材は値段が高く、写真品質も銅凸版ではオフセットのようにうまく表現できなかった。だから、みんな電算写植（これも今となっては懐かしい）平版に変わっていったのだ。

ふと思う、これは過ぎし活版の話だけではない。何年か先こうお客さんに言われているのではないかな。

「紙の本をなぜ残してくれなかったんでしょうか。すばらしい技術ですよ。私なら頼んででも紙の本にしてもらうなあ。あの紙をめくる味わいがなんとも言えない」

お客さん。そう言う前に、紙の本をもっと買ってください。でないと、いつのまにか本はなくなっていますよと、今言っておくべきかな。

モノタイプを知っていますか

当社の応接間に天井から突き出した謎の配管がある。応接間に水道管はおかしいし、ガス管にしてはあまりに無防備だ。ずっと不思議には思っていたが、ITの進化を追うのに忙しく、深く詮索しもしなかった。ところが、退職した社員と応接室で昔話をしていてふとその話になった。

「そういえばあの配管なんのためにあるのか知ってます?あれはね、モノタイプのキーボードに圧搾空気を送る管なんですよ」

今の応接間はその昔、モノタイプのキーボード部屋だったのだ。

モノタイプと言っても、すでに印刷人でもその姿かたちどころか名前を知っている人すら多くないと思う。モノタイプは自動活字鋳植機の一つである。キーボードから入力した文字が、モノタイプキャスターから自動的に鋳造され活字として並んで出てくる。いわば、出力が活字のワープロと言っていい。今から三〇年前には印刷近代化の花形でもあった。活字と言えば活字の棚から手で拾うのが普通だった時代、実に先進的な機械だった。

驚くべきは、そうした自動機械が、歯車とテコ、そして圧搾空気のような物理的機構で動いていたことである。先の配管はその証だ。当時の印刷工場は、今ならLANケーブルが這い回るようなところに、圧搾空気の配管やワイヤーなどを張り巡らしていたのである。そして情報の伝達保存媒体は鑽孔テープ（写真一二六頁に）だった。鑽孔テープは紙テープにぶつぶつと小さな穴を空け、物理的、もしくは光学的に読み込むことで、情報を伝達・保存する方法である。今では鑽孔テープを見ることはまずなくなったが、コンピュータ初期、入出力媒体としてよく使われていた。今で言うハイテクなイメージがあり、エリート社員が電車の中で自慢気に鑽孔テープを読んでいるというマンガを覚えている。

私の父はモノタイプにのめり込んでいた。活版印刷専業だった当社は写植には目もくれず、一途にモノタイプを追いかけていた。その先頭に立っていたのが、父だったのだ。天井の配管再発見を機会に父の残したファイルを探してみると、モノタイプキーボードにどの字をどのように配置するかという詳細に検討した図が残されていた。父らしい律儀な字で細かく文字の取捨選択の書き込みがなされている。またモノタイプのメーカーと字形やベースライン位置を巡って、丁々発止、手紙でやりとりしていた記録も残っていた。当時、モノタイプのキーボードや母型盤は一社一社特注だったのだ。そこには中小企業としての創意工夫の活かせる部分が大きかったように思う。

今、印刷設備はほとんど規格品である。文字はＪＩＳ[107]やユニコード[108]で規定されてしまっているし、ＤＴＰソフトも寡占化が激しい。コンピュータの時代とはまさしく寡占の時代でもある。中小企業として選択のできる余地は本当に少なくなった。したがって、他社との差別化もつけにくい時代に入っている。勢い、主戦場は「価格」である。

歯車やテコといった機械部品を扱って生産していた時代は各社で工夫することで、生産性や商品性で差別化ができていた。モノタイプもその典型例だと思う。一字一字、自社の仕事にもっともふさわしい文字配列を考えている父の姿が思い浮かぶ。父の選択一つで組版の生産性がまるで違うのだから、責任も重いが、やりがいもあっただろうと思う。

もちろん、今さらモノタイプの時代に戻れるわけではない。われわれも機械で差別化することこそ難しくなったが、ソフトウェアやデザインで他社との差別化を図ろうとしてきた。まだまだ新しい創意工夫を考えていかねばならないし、その方向が紙の上にはないかもしれないのは、もう何度も書いてきた通りだ。でもちょっとモノタイプに思いを馳せて、昭和の高度経済成長時代のノスタルジーに浸ってみるのも悪くない。

寅さんとタコ社長

フーテンの寅さんの登場する映画「男はつらいよ」と言えば、日本映画の金字塔。そのシリーズの本数がギネス記録にもなった偉大なるマンネリ映画である。寅さんについてはいろいろ語りたい人も多いだろうが、正直、われわれの世代ではもうちょっと古くさい、もっと悪く言えば野暮ったい映画でもあった。

われわれがしかしこの映画を意識せざるを得ないのは、脇役の一人でもあるタコ社長のせいだ。寅さんの幼なじみという設定のこの社長の商売が実に印刷屋なのである。タコ社長は名言「てめえなんかに中小企業の経営者の苦労がわかってたまるか」を吐くが、その通りいつも資金繰りに追われていて、あまり景気がよさそうには思えないが、元気で明るい。

このタコ社長の工場が葛飾柴又の「寅さん記念館」に復元されているというので見学してきた。もちろん、この記念館では寅さんの実家である草団子屋「くるまや」の復元の方がメインなのだが、それでも復元されたタコ社長の工場「朝日印刷所」復元も見事なものだ。当時の機械を中心に昭和三〇〜四〇年代の活版工場が再現されている。私も実家は活版屋だったから、そういえば子供のころの工場はこんな感じだったと思い出す。

タコ社長の「朝日印刷所」はこの復元でもあるように活版専業という記憶がある方も多いと思

うが、実は一九八五年第三六作では写植が登場している。第三六作はタコ社長の娘が出奔《しゅっぽん》するというストーリーで、他よりも印刷所の場面が多いのだが、寅さんの妹さくらの夫で朝日活版所の職工だった博が実在の手動写植機を使っているし、その後ろには「オフセット工場」と書かれた扉がある。真偽のほどは知らないが、写植とオフセットの登場は印刷業界が配給元だった松竹に申し入れた結果だったと言われる。当時から印刷会社のイメージとしてこの「朝日活版所」のような零細活版企業の油にまみれた工員の姿が若者に定着するのは好ましくないと思われていたようなのだ。

第三六作の一九八五年と言うと三〇年ほど前になる。歴史を紐解くと手動写植全盛時代だが、ぼちぼち電算写植が中小工場でも使われ始めていた時期にあたる。寅さんシリーズは一九九五年第四八作で主演の渥美清の死去により幕を閉じるが、結局、「朝日印刷所」に電算写植やＤＴＰが登場することはなかった。おそらく、山田洋次監督の美学ではタコ社長の工場にＤＴＰは似つかわしくなかったのである。

われわれはしかし想像をたくましくできる、寅さんのシリーズがもし続いていたとしたら、どうなっていただろうか。おそらく二〇〇〇年までには、朝日印刷所はＤＴＰを導入していたことだろう。その中ではタコ社長と寅さんのこんな掛け合いがあったはずだ。

タコ社長「こんどさ、デーテーペーという奴をいれちゃってさ。これがなんとコンピューターで印刷ができちゃうんだよ」

寅さん「デーテーペーだが、デーデーテーだが知らねえが、ちゃんと労働者諸君を食わせられるんだろうな」

とは言っても、タコ社長は活版工あがりであり、ＤＴＰを使いこなせたとは思えない。もうそのころには、件の博が手動写植を操った縁で主導していたはずだ。そしてＣＴＰの導入とか、デジタル画像の取り扱いに苦労したあげく、今はこのセリフを言うだろう。

「このさ、オンデマンドってやつをさ、買わないとさ、もう時代に乗り遅れると思うのよ。いまや、オフセットの時代じゃねえっていうもんよ」

もちろん違うストーリーはいくらでもある。印刷ネット通販[109]に参入して大成功していたかもしれないし、印刷の将来に見切りをつけてホームページ製作会社に大変身をとげていたかもしれない。でもたぶん、どちらにしてもタコ社長のことだ。中小企業魂でしぶとく生き抜いただろう。

みなさんの会社はどうですか。

マッキントッシュ三〇年

二〇一四年、マッキントッシュが発売三〇年を迎えたそうだ。発売はつまり一九八四年だった。この一九八四年はジョージオーウェルの有名な一九四八年の小説『１９８４』の年でもある。『１９８４』はネットワークを通じてビッグブラザーに生活のすべてを監視されるというディストピア（ユートピアの反対）小説である。ちなみに村上春樹の『１Ｑ８４』はこれをもじっている。欧米では非常にポピュラーな小説でＳＦの古典でもある。欧米人に管理社会の恐怖を植え付けたものとして知られる。

マッキントッシュの発売時の広告が有名な「１９８４年は『１９８４』のようにならない」だった。個々の人間が自分の能力の延長としてコンピュータを使う。そのために、初心者にも理解しやすいグラフィカルユーザーインターフェース（ＧＵＩ）[110]を採用し、ディスプレイと本体を一体化した「かわいい」デザインのコンピュータとしてマッキントッシュは登場した。

それは確かにコンピュータの革命と言えた。今でこそ、コンピュータの画面にアイコンが並び、それをマウスでクリックして操作する視覚的でわかりやすいＧＵＩはウィンドウズでもアンドロイドでも当たり前だが、それをパソコンの世界に持ち込んだのはマッキントッシュだった。それはコマンドライン[111]からいちいち文字を打ちこまないとアプリひとつ立ち上がらない MS-DOS

全盛の時代にあって異彩を放っていた。

マッキントッシュの発売元アップルコンピュータはその後、iPod、iPhone、iPadと立て続けにヒットを飛ばし、人間とコンピュータの関係をすっかり変えてしまった。今やコンピュータを見て、「人間の尊厳を侵す」などと言う人はいない。若い人はそれこそ、人と人とを結びつける道具としか思っていない。インターネットという巨大ネットワークも実は支配の手段として使われれば非常に恐ろしいものではあるのだが、今やそのあまりに放縦な使い方の方が問題になるぐらいだ。

印刷業界は「１９８４」から数年を経ずしてマッキントッシュ一色の時代がやってくる。ＤＴＰのプラットホームとして急激に普及したからだ。印刷屋と言えばマッキントッシュの時代がそれから二〇年近く続く。最近でこそ、ウィンドウズＤＴＰは珍しくないが、マッキントッシュとクォークエクスプレス[112]の組み合わせが一時は印刷業界を席巻した。

私は実はマッキントッシュには乗り損ねた。一九八〇年代後半は電算写植全盛時代でもあってコマンドライン入力のUNIXやMS-DOSを使い慣れていたし、マッキントッシュのようにコンピュータがしゃべったり、グラフィックに凝ったりすることにＣＰＵパワーやハードディスク容量を使うことに懐疑的だったからだ。電算写植のような無骨だけど、実質的なシステムが将来にわたって使われると信じて、言語処理のプログラムを書いていた。だから、ＣＥＰＳ（Color

Electronic Prepress System)[113]のような機械の領分までマッキントッシュに取って代わられるとは思ってもいなかった。現実は言うまでもない。

その後も、私はマッキントッシュには親しまないままだった。パソコンDTPを本格的にやるころには、ウィンドウズで挑戦した。だからうちの会社ではいまだにマッキントッシュは極少数で、ほとんどはウィンドウズだ。

でも、今から考えると、CEPSや電算写植にこだわらず、早い時期にマッキントッシュに取り組んでいた方がよかったように思う。まず価格がとてつもなく違った。電算写植にこだわっていた時代の高性能機の価格はマッキントッシュの一〇〇倍はしたからだ。

そして、組版よりデザイン重視という時代の流れに乗り切れなかった。数値のための道具だったコンピュータがデザインなどの感性の世界の道具になった。そして時代は論理と言葉の世界から、感性の世界へと移った。その先鋒がマッキントッシュだったわけだ。そんな展開になるとはさすがに三〇年前は気がつかなかったなあ。

ＩＶＳで漢字コード問題は終わるか

印刷会社にとって厄介な苗字というのがいくつかある。いや誤解しないでいただきたい。個々の個人についての話ではない。あくまで字としての苗字のことだ。いくつかあるが、一番よくお目にかかって、処理に難渋するのが、渡辺さんである。

渡辺は苗字の中でも五指に入る多い名字なのに渡辺の「辺」にやたらに異体字が多いのである。渡邉さんと渡邊さんぐらいならまだしも、一点しんにゅうの渡邉でなきゃ気が済まない人もいる。となると当然一点しんにゅうの渡邊さんも登場することになる。田辺さんも同じく厄介なのだが、なにせ渡辺さんは人数が多く、その分異体バリエーションも多岐にわたる。

印刷に使う文字は、常用漢字とか、ＪＩＳ漢字に限定してくれれば楽なのだろうが、一般名詞はともかく人名は許してもらえない。不思議なことに、集まった原稿の中で偉い人の苗字に限って異体字なのである。しかも、その異体字はなぜかコンピュータで出ない。それで「一字貼り込み」に頼ると、校了後に剥がれ落ちている。校了後だから誰も気がつかないまま本になって、冒頭巻頭言の筆者の名前が間違ったまま配布されるという印刷屋にとって悪夢のような事態が起こってしまう。手動写植や電算写植の時代はこうした異体字切り貼りに関する悲喜劇はあとを絶たなかった。

もっとも、最近異体字に関する苦労はかなり減ってきている。ＣＩＤ[114]に代表されるように異体字があらかじめ文字フォントにセットされるようになってきているからだ。これで作字の手間も必要なく、ほとんどの異体字が表示可能になった。ためしにインデザインの「字形」機能を試してみられることをおすすめする。いとも簡単に異体字が出てくる。

ただ、そうなったらそうなったで、また問題が出てくる。

いったい漢字はどこからどこまでが同じ漢字で、どこからどこまでが違う漢字かという包摂問題である。クライアントの言うなりに、ほんの少しの字形の違いでも全部違う字としてしまったのでは、きりがない。無限に字形の数が増えてしまうし、いざ検索するときも不便なのだ。本人はいざしらず、文字を検索しようとしている人は渡邉（一点しんにゅう）さんと渡邉（二点しんにゅう）さんの違いなど意識していまい。渡邉さんを検索しようとして、渡邉さんと登録されていたために検索できなかったりしたらコンピュータ社会ではかえって不便である。

解決策としてユニコードのＩＶＳがある。毀誉褒貶《きよほうへん》激しかったユニコードも、ここにきてすっかり定着した。世界中で共通の規格であることの便利さに加え、次々拡張される漢字は、実用上きわめて有効である。この中でＩＶＳは考え方そのものは古くからあったようだが、規格化されたのは二〇〇八年とごく新しい。異体字ごとに別のコードを振るのではなく、字形のちょっとした違いはコードに枝番をふることで解決するのだ。検索などを行う場合には主たるコードですればよく、こだわって、細かい差違を気にしたいのであれば、枝番を有効にして字形の違いを表現すればいい。たとえば、「邊」には一七の字形が用意されている。この考え方はおもしろい。もしかしたら、電算写植の初めのころから四〇年にわたって、印刷業界を混乱に陥れてきた漢字コード問題の終結が近いという気にさせられる。

ただ、ここでも「邊」と「邉」はユニコードの番号そのものが違うのでやはり区別されてしまう。もちろん「辺」もだ。

そしてＩＶＳの枝番にどの字形を採用するかには、やはり字形を包摂する必要が出てくる。字形はちょっとした書体の違いでも変異してしまう。「とめ」と「はらい」をゴシック体で区別しようとするのにはどだい無理があるのだ。

結局、枝番を作ってもやはり包摂問題からは逃れられないことになる。表意文字である漢字はどこまでいってもコンピュータと相性が悪いとしか言いようがない。

ＣＴＰ三代目

我が社のＣＴＰの調子がおかしい。それもそのはず、リースアップしてからも使い続けているから、もう導入から七年が経つ。そろそろ限界なのだ。機械系の故障が目立つし、なにより制御ＯＳがウィンドウズＸＰなのだから、もうそれほど長くは使えない。

現用のＣＴＰは二代目である。初代のＣＴＰ導入の時には印刷の革命と言うほど工程の変化をもたらした。当然『印刷雑誌』のコラム「印刷屋の若旦那コンピュータ奮闘記」でも取り上げたし、それは時代の証言として印刷学会出版部の大著『印刷雑誌とその時代』にも収録していただいている。しかし二代目ともなると環境性能や自動化など大きく変わったところはあったが、いわば当然の更新で、あまり話題にすることもなかった。そして、当社の規模では、これだけ能力の上がったＣＴＰを複数台使うということもない。だから二代目であって、二台目ではない。

さて、三代目である。

どんな機械でも三代目の更新を迎えるころになると導入を悩むことが多くなる。同じコンセプトの機械ではもう時代に合わなくなるからだ。昔の機械は長く使えたから、この三代目登場までは数十年かかったが、今の機械、とくにコンピュータ関係は陳腐化が激しく三代目まで一〇年程度でしかない。それでもなぜか同じく三代目あたりで更新に悩むこととなる。

三代目問題は機械に限った話ではなく、企業経営でもよく話題になる。初代はとにかく豪放磊落《ごうほうらいらく》、裸一貫で会社を起こし、従業員を雇い、機械を買い、会社を軌道に乗せる。おそらくここで軌道に乗れない会社の方が大多数で二代目に引き継げる会社の方が少ないだろう。そして運良く二代目に引き継げたとしたら、二代目は初代と一緒に働いてきた人が多く、保守的で初代の教えとやり方を踏襲し、会社を守ることに徹するということになりがちだ。そして三代目である。三代目ともなると、もう創業から数十年が経っていて、初代と事業環境が違っている。二代目のように初代の言いつけを守るだけでは会社が存続できない。ということで三代目あたりで潰れる会社は多いし、三代目が優秀であると会社は長期の繁栄に向かう。

今、三代目ＣＴＰを囲む環境は過酷だ。初代や二代の時と根本的に事情が変わっている。ひとつは、もちろん回復しない印刷需要である。印刷需要は毎年毎年右肩下がりである。もう業界全体の売上高は六兆円を割ったとも言われ（二〇一三年）、情報メディアのインターネットシフトから考えて今後も回復は望めない。もうひとつは、無版印刷の台頭である。オンデマンド印刷機と言われる印刷機械は刷版を必要としない。刷版製作機械であるＣＴＰはオンデマンド印刷にとっては無用の長物である。

115

ここで新たにＣＴＰを導入するか否かは印刷全体の需要予測、今後のオンデマンド印刷の性能・価格の向上予測をまず綿密に立てねばならない。

試算してみると、今後のオフセットの需要予測では、多めに予測する上位推計だと、当然機械は更新した方が有利である。少なめに予測する下位推計では、機械を買うより外注した方がよいということになった。

導入を巡る会議では丁々発止の議論が交わされた。印刷業界の推計はここのところ実際に何年か経って振り返ると、下位推計をさらに下回るというような結果になることが多かったからだ。そして強気の需要予測による設備投資ではその後何度も苦労させられてきた苦い記憶がある。

結局、下位推計つまりもっとも需要が縮小した場合でもペイできるということを確認した上で機械を更新することとした。

果たして、この結果は五年後どう出ているだろうか。四代目ＣＴＰの導入はあるのだろうか。そして、何年か先、かならず生じるであろう、オフセット印刷機の老朽化による更新をどう判断すべきか。今から資料を集めて検討しておかなければならないなあ。

オフセットの搬出

　菊半裁判のオフセット二色印刷機が一台、工場から搬出された。中古として買い取るという業者はもう現れなかった。無理もない。三〇年近く前の機械で、水棒はモルトン[116]だし、インキの調節はねじで回すタイプだ。その上、この機械を作っていたメーカーはとうに印刷機事業から撤退してしまっている。

　実際、もう半年動いていなかった。二色機なので表紙を刷ったりするのに便利だということで、しばらく残してあったのだが、工場スペースの有効利用のため廃棄を決めた。

　私はこの機械には愛着があった。私が入社して初めて導入した機械なのだ。当時は活版印刷機と入れ替わるように平版印刷機を導入していた時期にあたる。私自身も亡き父に命じられて、平版機械を使えるようになるため、メーカーの工場まで研修に行ったりもした。その後は営業に出るようになったので、実際に仕事で動かすことはなかったが、忙しい時期にはモルトン洗いを手伝ったりしていた。

　その後、私が電算写植やＤＴＰの導入、オンラインジャーナルの立ち上げなど、どちらかと言えばプリプレス[117]の領域で忙しく立ち働いている間も、あとから入った菊全機が入れ替えられていったあとも、工場のかたすみで律儀に動き続けていた。最初は新入社員の入門機だったが、いつのまにか、ベテランが退職間際に使う機械になっていた。モルトンの取り扱いやねじ式のインキ調整など、もう新入社員が習うこともなくなっていたからだ。それだけ陳腐化もしなかったのだ。ある意味、自動機でないからこそ長く使えたのかもしれない。

しかし、もういよいよ使える人が一人もいなくなった。新人にこの機械の使い方を新たに覚えてもらっても、その技量が次の機械に活かせることもない。それに、もはや半裁判ではオフセットである必然性がない。部数が多ければ菊全判で二丁付け[118]すればいいことだし、部数の少ないものはオンデマンド機である程度カバーできる。どちらも無理なら協力会社に頼むだけのことだ。したがって、代替機もない。この菊半機が搬出されたあとはぽっかり空間があいた。工場長に聞くと、紙置き場をここに移転するという。倉庫はいくらあっても足りないからだ。結局、オフセット機が一台減った。

強いて代替と言えば、同じ週、事務所に大きなコピープリンタ複合機が入った。いわゆるオンデマンド印刷機という領分の機械ではなくコピー機だ。販社も印刷機メーカーやオンデマンド機メーカーではなく、事務機器商社だ。古い事務用コピー機がリースアップしたから代替機が入っただけのことだ。

もっともこの機械、印刷機ではなく事務機と言い切れるかと言うとそんなことはない。オンデマンド機とコピー機に機構的な差はない。無版印刷機のうち少し多めの部数を刷る機械をオンデマンド印刷機、それ以外をプリンタやコピー複合機と言っているだけの話だ。一昔前、印刷会社の基本と言われた伝票やはがきといった軽印刷の分野はオンデマンド機すら使わなくなっている。こうしたコピー複合機で十分役に立ってしまう。そもそもクライアントから、軽印刷分野の注文もほとんどなくなった。自分の家や会社でプリントして済ませてしまうのだろう。

この三〇年間、印刷業界は劇的に変わった。それなりの価格と、それなりの技術が必要だったオフセット印刷も、もうプリンタで代替できるところまで来てしまった。あるいは、印刷すら要らないというところまで来てしまった。わたし自身、デジタル化の先頭に立って会社でも業界でも旗を振り続けてきた。でも、コンピュータどころか自動化のかけらもない小さなオフセット印刷機を見送るとき、ふとさみしさを感じたのはなぜだろう。

ドルッパへ行こう

世界最大規模の印刷機材展ドルッパ（drupa、二〇一二年五月三日～一六日、ドイツ・デュッセルドルフ）へ行って参りました。四年ごとの前回は機会を逸してしまったので行くのは八年ぶりである。相変わらず、デュッセルドルフのメッセは活気づいている。行ったのが週末ということもあるが、始まる前から会場へ向かう地下鉄はビール片手の工員さんたちで大盛り上がりで、開場直後なのに入口付近は人で溢れている。

今回のドルッパのキャッチフレーズは「Digital Printing drupa」だということらしい。私がそれを中心に見たこともあるが、文字どおり会場はデジタル印刷機械で溢れていた。もはやオンデマンド印刷なんて妙な言い方をするところはどこもない。オンデマンドはもはや当たり前。「ほしいときにほしいだけ印刷」というのがオンデマンドのコンセプトだったわけだが、それは市場の当然の要求であって、今までの印刷がオンデマンドでなかったのがどうかしていたのだ。大量に刷った方が一部単価は下がるから大量に刷っておきましょうとか、刷り出し損紙はどうしても必要ですというような印刷会社の言いぐさは、機械の能力に市場のニーズを合わせてもらっていたのだ。今や市場のニーズはわがまま。とことん個別印刷を速く安く大量に供給できる方法が求められている。

デジタル印刷技術は百花繚乱。粉体トナー[119]は熟成を極め、インクジェット[120]はますます速くなっている。インクジェットの新聞輪転なんて製品も珍しくはない。またここにきて液体トナー方式[121]が増えていて、話題を集める新製品も多い。もうデジタル印刷機器と言えどオフセットと同等の品質はあって当然、それをバリアブル[122]でいかに速く供給するか、それをWebトゥープリントのシステムの中に取り込み、どうやって人手の介在を減らすか各社のトータルでのシステム構築力が問われている。今、印刷技術は沸き返っている。これから変わる。確実に変わる。ある意味、こんな面白い時代はない。自社がどの方式にかけるかでこの先、何十年かの会社の命運が決まると言っても過言ではない。

しかし、これだけ刺激的なドルッパなのに、日本人が少ない。東洋人だなと思っても大概は中国人だ。中国人の団体はツアーなのだろうか、入口付近で何組もが集合していた。そして出展も多いし、大手の会社のブースでも中国人説明員の姿が目立つ。国の勢いの差だろうか。日本では逆に「今さらドルッパに行っても見るべきものはなにもない」とおっしゃるお方にもよく会った。こんな沸き返っているドルッパで中国人が目を皿のようにしてどん欲に新しい印刷技術を吸収しようとしているときに、それはないと思う。

ついでだが、とにかくドルッパでは出展者側に質問することだ。ドイツ語や英語なんて実はいらない。大きなメーカーなら必ず日本人の説明員がいる。彼らは実は質問がこないので暇をもて余しているのだ。あちらは「わからなかったら聞いて」の世界。すべては質問がくることが前提になっている。受付で「Japanese speaker please.」と言えばいい。誰かが出てくる。そして質問すれば、自社製品の特徴から今後の見通し、果ては日本では言いそうもない他社の思いがけない情報までも聞ける。だいたいドルッパに来ているような説明員は日本でも一番優秀な若手のはずで、彼らの知識や熱心さはその会社の未来に直結している。その意味でも早くから知り合いになって損はない連中ばかりだ。もちろんドルッパで質問攻めにしたりしたら、脈ありと見て、各社の営業が押しかけてきて大変なことになるとは思うが。

たしかに技術革新もあまり早くに追いすぎると過剰設備投資になって会社の足を引っ張る。でも遅れても致命傷。その狭間にあるほんの少しの適切な時期の導入という隙間を見極めるのが印刷会社の経営なのだ。その情報を得るためにもとにかく行きましょう。ドルッパ。次の開催は二〇一六年!

印刷機メーカーさんへ

大阪の印刷機材展へ行って参りました。私、この機材展というやつが好きだ。もちろん、印刷機械を次々買えるような景気のいい会社を経営しているわけではないから、機材を直接買い付けるためではない。むしろそのときどきの印刷がどちらへ向かっているか、どのような工夫や発明をメーカーさんがしてくるか、それを見るのが楽しいし、好きなのだ。

残念なことに、大阪の機材展は縮小の一途である。私がこの業界に入ったバブル景気のころには、これも大阪南港の巨大な展示会場をいくつも使った大規模なものだった。中では何十台ものオフセット機がうなりを上げて動いていた。それはまさしく工場が引っ越してきたような光景だった。それが今ではただの一会場で、それもコマが全部埋まらない有り様だ。ついこの前、ドルッパ（ドイツの国際印刷機材展、一五四頁参照）で一七もの会場に最新鋭の機械と、世界中から訪れる見学者で溢れかえる光景を見てきたばかりだからなおのこと寂しい。一会場なんてあちらでは大きな会社なら一社で占有している。

会場ではオフセット印刷機械はついに小型の四色機を一台見かけただけである。それより悲しいのはドルッパならオフセット機の代わりに所狭しと並んでいたインクジェット機や粉体トナー、液体トナー機の姿がないことだ。コピー機に毛の生えた程度の「オンデマンド印刷機」は見かけたが、ドルッパで覇を競っていたB2判インクジェットも見かけない。代わりに展示されているものと言えば、写真パネルであったり、ドルッパのビデオ映像だったりする。これではわざわざ展示会に出てくる必然性がないではないか。今や、ドルッパで評判になった機械はプレゼンの様子も含めて、すぐにYouTubeの動画で見られる時代だ。こういう時代だからこそ、ドルッパで評判になった試作機の実物を一台でも持って来てくれていれば、ずいぶん印象が違うのにと思う。ドルッパで金と力を使い果たしたという言い訳もあるのだろうが、日本、とくに地方の印刷業者が舐められた気がして愉快ではない。

こういうときは、ブースにいる営業さんと話しをする。業界の動向、他社の設備状況、工業組合の噂話。こうした営業さんとの対話の中で、意図的なリークかもしれないが、いろいろと最新の開発状況がわかったりもする。逆に言うと、もう展示会の楽しみはそれぐらいなものだ。

メーカーの営業さんは苦しんでいた。もはやオフセットの将来が明るくないのは誰だって知っている。しかしだからと言って、最新鋭のインクジェット機開発の話なんかをお客さんにすると、新製品の登場を見越して、既存機種の買い控え現象が起こってしまうという。新製品は画期的であればあるほど、開発コストもかかり、すぐに儲かるわけではない。今は一台でもオフセット機を売って開発費を稼ぎたいが、そこが売れないと言う。

しかしなあ、前へ進まないとどうしようもないと思う。はっきり言えば、もっと積極的に新製品を持ってきてほしい。低成長時代だからこそ、高収益の商品を売りたいのはわかるが、既存機種に拘泥していたら、製造業は落ち込んでいくばかりだ。リスクを恐れず果敢に新製品を投入して、自信をもって売り込んでほしい。そのためにも実物を出すべきだ。

われわれは次の機械がほしいのだ。つまり未来が見たいということでもある。印刷機メーカーさんへ。出し惜しみしないで、開発中でもいいから実物を見せてほしい。かのドルッパでは、まだ実用の可能性すらわからない機械でも積極的にプレゼンして売り込んでいた。ある意味「厚かましい」。でもそうした楽天的な厚かましさから新製品は生まれてくる。中国やインド、イスラエルからの新製品ではなく、われわれは日本のメーカーによる日本市場のための新製品が見たいのだ。

その日本のメーカーとは、そう、あなたの会社だよ。

本はまず機械が読む

オンラインで情報が流通するようになって、なにが大事かと言うと、まず検索エンジンに拾われることである。どんなにいい文章や情報を発信したとしても、GoogleやYahooでその文書が検索されなければ話にならない。人はまず、パソコンやスマホで検索語をたたいて必要な情報を得ようとするからだ。

ホームページでは、この検索エンジンに拾ってもらいやすくするための対策、ＳＥＯ対策[123]というやつが重要になってきている。いかに自分のサイトを目立たせるかということだ。もちろんコンピュータが読むわけだから、人の目にとって派手がどうかはまったく関係がない。コンピュータにとって派手でなければならない。これにはＨＴＭＬにさまざまなメタデータを仕込むなどいろいろな技法がある。もちろん人間がそれを目にすることはない。コンピュータによるコンピュータのための記述である。

とどのつまり、今は文書はまずコンピュータが読む。全世界に張り巡らされたネットワークの中で、検索エンジンが検索された語にふさわしいページを選んでくれる。人間はその選ばれた文書をおもむろに読むわけだ。加えて言えば、ふさわしいページの選択は検索語からだけ選ばれるのではない。アマゾンを見ればわかるが、それまでの検索履歴や購入履歴に合わせて細かく検索者の性癖を理解し、もっともふさわしい文書を薦めてくれる。

要は、まず機械に気に入ってもらえなければ、読者の元には端から届かないということだ。検索エンジンで表示されなければ、買われることも読まれることもない。つまりこれからの時代、機械（コンピュータ）に読んでもらって、気に入ってもらえなければ、人間の元に届かない。もちろん、神と化したコンピュータが自分で選択するわけではないので、究極的には人間のプログラムの出来具合いかんによるわけだが、一度出来上がったプログラムはなんの躊躇も情緒もなく情報をさばいていく。

この時代は組版も当然変わらざるをえない。これまで組版はあくまで、人間が読みやすくするために存在してきた。人間が読みやすいものが最高の組版という価値観の元、出版社も印刷会社も長年培われた組版原則や経験とカンによる美的センスを極限にまで研ぎ澄ましてきた。これからの文書はまず、機械が読む。機械が読んで、「いいもの」と判断されなければ、機械は人間にその文書を推薦したりしない。この場合、人間が読んでの組版の美しさは考慮されない。よく電子文書と言うとＰＤＦのことだと思われている向きがあるが、ＰＤＦでは機械が読みにくい。まして紙しかないなんて論外である。機械が読めなければ、評価されることもなく、したがって読まれることもない。

これからの文書組版は機械に読みやすいものでなければならない。人間の読みやすさは二の次、三の次である。具体的には、まずは機械に読みやすい文書、たとえばXMLで作って、メタデータを整え、キーワードをいっぱい埋め込んでおく。XMLを一度でも見た人はわかると思うが、あれは人間にとって読める代物ではない。だが、機械にとっては読みやすい。

人間はXMLを人間が読みやすいように表示するソフトで読む。実は人間にとっても、これからはこの方が都合がいい。文書は読者が何で読むかわからないからだ。同じ文書をある人はPCで読み、ある人はタブレットで読み、ある人はスマホで読むかもしれない。もしかしたら紙で読むという奇特な人がいるかもしれない。結局どんな形態で読むかは読者次第なのだ。読む人の読む機械（もちろん紙もありうる）が、それにふさわしい組版を自動的に行う。

だから、これからは人間に読みやすいように、編集者や組版現場が必死の努力をしても時間の無駄でしかない。それよりも機械に読んでもらうことに血道を上げるべきだということになる。

たぶん、その先は機械が文書そのものを書き始めるだろうな。

たかが名刺されど名刺

名刺はビジネスマンの基本である。初対面の人に名刺を出して挨拶するというのはもう社会常識として誰も疑うことがない。全国でいったい一日どのくらいの数の名刺がやりとりされているのだろうか。膨大なものになるはずだ。そして、日本でやりとりされる名刺のほとんどが印刷会社の製品だろう。

名刺は年賀状と並び印刷会社の基本である。印刷業界の諸先輩から「名刺の印刷から大きな仕事につながる」と言われ続けてきた。それだけではない。大事なお得意様の名刺をミスしたら、そのお得意様の仕事そのものがなくなるかもしれない。印刷会社の仕事は名刺に始まり、名刺に終わる。

もちろん、印刷会社の社員自身も名刺を配る。印刷会社の同業会などでもお互い名刺の交換から始まるのは当然のならい。一度懇親会に出たりすると大量の名刺をいただく。

そしてこれが凝っている。印刷会社の名刺は、それ自体が印刷見本のようなものだから無理もないのだが、濃い色の地に白抜きなどは序の口で、イラストに文字が埋没していたり、透き通っていたり、光ったり、3Dで文字が浮き上がったり、最近では、ARを使ったものまである。かく言う私どもも名刺自体がCD-ROMになっていて、パソコンに入れると会社案内が流れるというのを作ったことがある。

みなさん名刺にアイデアを競ってらっしゃるのはいいが、最近、もらう名刺はシンプルな方がありがたいと思うようになってきた。

名刺をスキャナで読んでＯＣＲ[124]で自動的に名簿データベースを作るというソフトを使い始めたからだ。これは本当に便利である。一度でも名刺をもらうとデータベースに情報が貯まっていく。検索にはとくに威力を発揮する。講演会でお会いして名刺をもらった人から、何ヵ月も経って突然電話がかかってくることがあるが、こういうときでもデータベース化してあれば、いつどのような状況下で会った人なのかということがすぐにわかって対応がとれる。

このとき迷惑なのが凝った名刺なのだ。ＯＣＲは最近性能がよくなってきているので、活字体できっちり印字してあれば、滅多に読み間違うことはないが、凝った名刺はうまく読んでくれないのである。イラストとか透明とか、３Ｄの名刺だと、まずそのままでは読んでくれず、スカタンな文字の羅列と認識してくれる。そこまで凝ったものでなくても、会社名がロゴマークで印字されていたり、しゃれたつもりなのか、ひどく隅に寄せてデザインされていたりすると、会社名を名前に、名前を会社名と間違って認識してくれたりする。

ＯＣＲで読むという点から考えると、名刺は昔ながらの、楷書体で真ん中に大きく名前、右肩に肩書き、左下に住所と電話番号（縦書きの場合）というのに限るのだ。

読めなかった名刺はどうするか、手入力しかない。どうにもスカタンな名前が表示されているのを消して、目で読み取った文字をデータベースに入力していく。一枚二枚ならいいが、大量にあるとうんざりする。

少し前、名刺ではなくて携帯電話の赤外線通信で初対面の人と個人情報の交換をする時代になると言われたこともあったが、これだけスマホが普及する時代となっても、ビジネスシーンではそんなことにはなりそうもない。やはり名刺は廃れないだろう。だとしたら、OCR前提というのはありうる方向だと思うのだ。まったく凝るなとは言わないけれど、人間の目にも優しく、そして機械にも読み取りやすい、そういう名刺のデザインができないものだろうか。もしくは、ARとかQRコード[125]を発達させて、個人情報がそのまま機械に入るようなことでもいいと思う。

たかが、名刺、されど名刺。IT時代にどんな名刺がよいのか、ちょっと検討する必要はありそうだ。その前にOCRの能力が向上して凝った名刺でも読めるようになる方が早いかもしれないが。

「紙の」校正

この本からしてそうだが、私は本をだしたり、雑誌に寄稿したりということが多い。もちろん、一番多いのは印刷学会出版部である。そして原稿をだせばしばらくすると校正である。今回は校正の話である。

印刷学会出版部から「紙の校正はいりますか」というメイルが来た。つまり校正は紙を送らず、PDFによる電子校正だけでいいかという質問なのだ。少し前までは、校正というと紙で行うことが当たり前だった。校正刷りはゲラ刷りとも言う。「ゲラ」は活版用語でもあり、あまり最近では聞かなくなったが、わら半紙をコヨリで綴じたゲラ刷りを出版社や著者に届けるのが印刷会社営業の最大の仕事だった。ゲラを紛失したとか、初校と再校が入れ違ったというような校正にまつわる悲喜劇が印刷会社では日常茶飯に起こっていた。

これが急速に電子校正、とくにPDFでの校正に変わってきている。

PDFによる電子校正は便利である。まず第一、紙という物理媒体のやりとりがないから、郵送の必要も、営業の配達の要もない。印刷所で校正ができれば、すぐにメイル添付などで著者のもとに届く。少し以前は、PDFで届けても赤入れするには、一度著者のところでPDFをプリントアウトしてもらわねばならず、嫌う著者もいたが、最近のバージョンのPDFだったら、データの中に直接訂正を書き込むことも可能だ。文言の挿入などは、ＰＤＦに挿入された文言がそのまま訂正データにもなる。そして著者校が出来上がったら、出版社の編集部と印刷所に添付ファイルやファイル転送で同時に送られてくる。

それでも、著者が多数に渡る雑誌などは、一つのゲラを巡ってそれぞれの著者や編集部が別々に赤字を入れたりして収拾がつかなくなることがある。こういう時はＰＤＦでは管理しにくいが、現在では校正専用のネットワークシステムで、そうした複雑な校正でも、誰が入れた訂正かを特定できたり、権限を与えて最終責任を明確にする専用システムもできている。こうなると著者・編集部・印刷所も含めた総合電子編集システムということになる。

最近では、著者の側でも電子での校正に慣れ、紙の校正を送ろうものなら「今どき、紙で校正を送ってくるな」と怒られることさえある。この例でわかる通り、最近の校正のデフォルトは電子である。だからこそ冒頭印刷学会出版部の「紙の」というお断りが必要になってくるわけだ。単に校正と言うとき、それは電子校正である。

そういえば出版現場から「紙の」という注釈をつけなければ意味が通らないものが増えた。たとえば原稿。著作はワープロやパソコンで書かれ、紙の原稿はよほど特殊なものか、年配者からのものしかない。もちろん、紙の原稿は「紙の」原稿と断りがないと印刷現場が混乱する。プリントアウトはあるが、これは「紙」原稿とは言わない。プリントアウトは必ず元になったデータがあるから原稿としてはそちらを使うからだ。

原稿から「紙」が消え、今校正からも「紙」が消えつつある。メイルも冒頭にあるように「電子」メイルとも言わなくなった。メイルと言えば、電子メイルのことで、紙の手紙を送るときは「紙の」とか「郵便の」とかつけなければ通じなくなってきた。出版の現場で進みつつある校正の電子化も、すでに「電子校正」などというような妙な言い方はしない。単なる「校正」である。

そして、今のところ、書籍と言えば紙の書籍のことだし、電子書籍はわざわざ「電子」書籍と言っている。が、これも書籍のデフォルトが「電子」書籍となり、「紙の」書籍には「紙の」を付けねばならないときは近いのかもしれない。

卵の殻

「卵の殻を自ら割れば、生命をもった鳥になるが、他人が割れば目玉焼きにしかならない」

この言葉、ある講演会で聞いて、いい言葉だなあと思った。以来、座右の銘にしている。社員にも共有してもらおうと会社のあちこちにもこの言葉を貼って歩いた。急成長して、日本の家電業界が束になっても敵わなくなった韓国サムスンの合い言葉だそうだ（『サムスンの決定はなぜ世界一速いのか』、吉川良三、角川書店）。

今、日本の印刷会社は業界の殻に閉じこもっているとしか思えない。業界の会合に行っても聞くのは「仕事が減って、どうにもならない。昔はよかった」という愚痴ばかり。そして、他業種からの進入に戦々恐々としている。コピーに軽印刷の仕事を食われ、出版は電子書籍、広告はインターネットに食われている。どうしようどうしようとうろたえているだけで対抗策を見出せていない。印刷業界は今まさに目玉焼きだ。業界の殻を突かれて割られ、業界ごとフライパンの上で目玉焼きになろうとしている。

ここで問う。根源的な疑問。われわれはなんのために印刷屋をやっているのか。印刷機を買ってそれを回すためか。そうではないだろう。本（あるいは広告）を作って儲けるためではないのか。結果的に同じことだと言われるかもしれない。しかしこれは違う。印刷機を回すことは目的ではなくて手段なのだ。数多くの仕事の中で、あなたの会社の創業者がこの業界を選んだのは、印刷機が好きで印刷機を回すのが好きだったからだろうか。違うはずだ。ほとんどの創業者は多くの業種を見回して、成長性があり、自分にもできそうだと思った業種がたまたま印刷業だったからなのではないか。もちろん、例外はあるだろう。印刷機自身に工学的、趣味的興味を覚えた人はいるかもしれない。だがそれは例外だろう。「本を作って儲ける」その手段としてたまたま印刷という技術があっただけのことだ。

なのにいつのまにか、印刷機を並べて回すことが自己目的化している。そしてそれを当たり前のものとして、業界の殻に閉じこもっている。こうした殻に閉じこもった印刷業者が陥りがちなのが、お客が求めてもいない高品質の追求だ。四色の仕事が減ったからといって、五色、六色に活路を見出したり、とんでもない線数の印刷に未来を託そうとしていないか。それは顧客が求めているものだろうか。市場が要求しないものは企業として価値がない。われわれは顧客のために仕事をするべきであって、自らの自己満足のために仕事をするべきではない。

原点に返ろう。われわれは儲けるために何をなすべきか。殻を割ろう。逆に、われわれのノウハウ、技術をもって他の閉じこもった殻を割りにいけるはずだ。

たとえばこんな話を聞いた。和装業界では昔ながらの手描きを珍重し、手描きの反物は高値で売られてきた。ここにインクジェットプリンタで模様を布に印刷するという技術が現れた。和装業界は「あんなものは安物」だと言って、高い手描きの反物の価格を守ろうとする。しかしインクジェットの技術が向上して、手描きと遜色のないものができるようになってきた。プロが見れば区別がついても、素人では区別がつかない。今、手描きの業界は壊滅しつつある。それでもまだ和装業界は手描きの超高級品という小さな市場に閉じこもろうとしている。趣味ならいいが、企業としては終わっている。

このインクジェットを和装業界に持ち込んだのは残念ながら、印刷屋ではなかったが、同じようなことは他でもあるはずだ。もともと印刷そのものも、手写本の世界に持ち込まれた破壊的な技術革新だった。おそらく活版印刷の登場で、修道院の奥深く手写に明け暮れていた職人が数多く失業したはずだ。

まず自分の殻を破ろう。そして他の閉じこもっている業界の殻を割りにいこう。少なくとも私は目玉焼きにはなりたくない。

業態変革という名の空中戦

アベノミクスとやらで景気は上向き（二〇一三年六月現在、この先どうなるかはもう誰にもわからない）というが、残念ながら印刷の需要はなかなか回復しない。とくに出版印刷、商業印刷というあたりは先行きが暗い。その原因は電車に乗ってみればわかる。社内での暇つぶしに紙の本や雑誌を見ている人などほとんどいない。たいていスマホか携帯ゲーム機から目を離さない。そして小さな画面に熱心に何かを打ち込んでいる。

この状況下、業界団体で唱えられているのが「業態変革」だ。印刷そのもので儲からないなら、ほかの商売をしましょうと印刷工業組合自体が旗を振っているわけだ。私自身も、前の節で「卵の殻」を破って、新しい商売に乗りだそうと盛んに煽ったりもしている。現に当社では、オンラインジャーナルやXML、それに総合事務サービスなどの新規事業を始めている。これはもう変えるつもりはなく、とことん突き詰めていきたいと思っている。

だが、業界団体の会合に行くと、「業態変革」路線は評判が悪い。紙への印刷というのは印刷会社の根幹であって、印刷会社では人も機械も印刷事業のために存在していると言っても過言ではない。だからこその印刷会社なのだ。それを捨てて別のことをやれと言うのはあまりに現実を無視しているというわけだ。

「業態変革」はたとえれば戦車隊に空中戦を呼びかけているものなのかもしれない。もはやビジネスの中心が空中戦（業態変革後の例としてよく例に挙げられるような電子ビジネスやマーケティング戦略）に移行しているとしても、戦車は飛び上がれない。

「業態変革」と呼びかけたとしても、大多数の印刷会社は印刷以外に生きる道をもたない。何か新しい商売を探せと言われても、できる会社の方が少ない。だいたい印刷工業組合は「印刷」の工業組合であって、「印刷」以外を探せと言うなら、その後どこへ向かうのかを指し示すべきだろう。歴史を紐解くと一九七〇年代には「活字よ、さようなら、コールドタイプ[126]よ、こんにちは」といったわかりやすいコンセプトが打ち出されていた。はっきり活版の次には写植が来る。凸版印刷の次にはオフセット印刷が来る。そのように昔の工業組合は明確に指導していた。今はこれがない。業態変革の向こうは自己責任なのだ。

これでは、印刷工業組合の会員社数は減るはずだ。業態変革に成功できる会社はもともと「印刷」工業組合にいる必然性がないし、「印刷」に活路を見出そうとする会社には何も方向性を提示しない組合ではメリットがない。

地道な印刷による地上戦に意味がないのか。

たしかに戦いの帰趨を決するのは、最新鋭のジェット機による派手な空中戦かもしれない。しかし、最終的にその地を制圧するのは戦車隊を中心にした地上兵力ではないのか。つまり、「業態変革」ではなくて紙の印刷という業態の延長上に、まだまだ時代に密着して生きる方策がたぶんある。本や雑誌、広告だけが印刷ではない。

ひとつは印刷領域の拡大。包装材やパッケージ。これはプラスチック容器が環境意識の高まりから使えなくなり、紙が見直されている領域だ。

もうひとつは印刷方法の変更。オフセットからトナー方式やインクジェットのオンデマンド印刷へ。適用部数が少ないかもしれないが、ワンツーワンのような新たな付加価値を見出しつつある。

これらを自信をもって推奨すればいい。未来はいつも技術革新とともにある。業態変革できる会社は業態変革を勝手に進めたらいい。でも地上にもまだまだやれることがあるのなら業界団体はその方向に向けて、業界を束ねていくべきだ。もちろん、地上戦は血みどろの戦い。損耗率も高い。最後まで生き残るのは難しいかもしれない。しかし戦車は飛べない。この事実は動かせない。

私が前進しているのである

ツイッターで髪の毛が後退していることを揶揄されたソフトバンクの孫正義氏はこう答えたそうである。「髪の毛が後退しているのではない、私が前進しているのである。」

言うね。孫正義氏と私は同い年である。彼の方が若かったかもしれない。私が経営者のはしくれになったときすでに彼は時代の寵児だった。それでもせいぜいが、パソコンソフトの流通というニッチ産業を見出した若き経営者というレベルだった。ところが、その後も業態拡大や企業の買収を繰り返し、今や彼の会社ソフトバンクは巨人NTTと肩を並べるところまで来ている。球団経営もむろんのこと、アメリカの携帯電話会社も買収して拡大を続けている。その間、私が印刷会社の経営で一進一退どころか、一進二退という感じで苦しんできたのと大変な違いだ。

孫正義を横目にあんなことはいつまでも続かないと僻《ひが》んだこともある。しかし、やはり同年代のアスキーの西和彦やその後のホリエモンこと堀江貴文が失速してしまったのに比してまだ成長を続けている。

私と孫の違いはどこにあるのだろう。まず第一にゼロから始めた孫と違い、私は同族会社の経営者であって、経営を父から引き継いだ。そのときには、もう出来上がった中西印刷という会社があって、そう簡単には思い通りに動かず、変革もできなかった。しかし、その言い訳が通用するのは四〇歳までだろう。一番の違いはおそらく前進への貪欲さだ。

　私は心のどこかで、会社の経営そのものは手段にすぎず、「十分会社が大きくなれば、あとは好きなことをしてのんびり暮らす」ことを願っているところがあった。

　一番最初にそれができそうだと思ったのは活版から電算写植への切り替えをやったときだ。集大成のつもりで『活字が消えた日』という本も書いて、そこそこ売れ、講演まで依頼されるようになった。「これだけの変革を成し遂げたし、本も書いた。あとは講演でもしてのんびり暮らそう」と一瞬だが思った。ところが市場は容赦しなかった。DTPで組版価格は暴落。バブル崩壊で印刷需要は壊滅。会社は資金繰りに追われ、新入社員を雇うこともままならず、土日なく働く羽目になった。

　この後、オンラインジャーナルに出会う。このときもイギリスまで飛んで契約をとりつけ、日本初のオンラインジャーナルの制作に成功する。日本での独占権も得て、次々仕事も入ってきた。さあまたここで「他社はこの技術力に追随してこれまい。あとはのんびりイギリスと行き来しながら優雅な国際企業生活だ」と思ってしまった。わずか三年後、こうした仕事はすべてインドに奪われてしまった。また仕事がどんどん流出し、奈落の底である。

　私は前進への意欲が足りなかった。同族会社の息子としてどこかで守勢に回っていたのだ。そこが孫正義との最大の違いだ。今印刷業界をめぐる状況は厳しい、情報の流通を独占してきた印刷物の地位がどんどん低下している。この時代に守りの姿勢に入ったのでは、業界内からでも業界外からでもあっという間に追いつかれ、追い越されてしまう。常に前進を続けねばならない。

今は会社をあげてＸＭＬに挑んでいる。世界初の日本語オンラインジャーナルＸＭＬ制作にも成功した。しかし、これだって追いつかれるのは時間の問題だろう。

折しも「学術情報を取り巻くサービスの変革」という論考を読んだ。中に私のよく知らない単語が並んでいる。Altmetrics、RefWorks、Over-Drive、OCW、MOOCs、Mendeley などなど。このいくつかを印刷会社の商売にできるだろう。いや、そもそも印刷会社の商売と考えた時点でもう孫正義には負けているかもしれない。私は経営者である。そこに市場があり、解決の手段があるならば突進していくだけだ。

私も髪の毛の後退が著しいが、まだまだやる。やってやる。髪の毛の先に前進していくのだ。

あとがき

電子書籍元年と言われた二〇一〇年からの五年間、印刷と電子の二つの領域で色々なことを考え実践してきた。その過程を文章のかたちでまとめたのが、本書なのだが、改めて、自分の書いたものを再読してみると、その節操のなさに自分自身苦笑せざるをえなかった。「電子書籍の抵抗勢力たらん」と高らかにうたいあげてはみたが、実際の抵抗運動はパロディでしかなく、あまりに強力な電子書籍推進勢力の前ではまさに蟷螂の斧。だいたいその間に、電子書籍を自ら試みて、前著『我、電子書籍の抵抗勢力たらんと欲す』を電子書籍でだしたりしている。

しかし、現実とはこういうものだと思う。電子書籍を制するものが未来を制するとか、反対に印刷にもまだまだやることがあると煽るのは、わかりやすいが真実ではない。本当に正解があるなら、全員そちらに向かって突っ走るだけである。どうやら、電子書籍と印刷の今後にはいまのところ正解はないらしい。しかし、この件について考え抜き、実践してきたという自負はある。それは本書を読んでいただければ解っていただけると思う。

そしてたどりついた私なりの解は、電子書籍とは「夢」だということだ。紙の本を前提としたコンテンツを電子「書籍」という枠内に閉じ込めようとするのが、そもそも無理なのである。電子となったとたん、それは変幻自在にかたちをかえ、あっというまに、拡散し、電子空間にとりこまれる。それがいやだと、あくまで、従来型の書籍形式にこだわり、本を電子でも読めるというレベルにとどめようとするなら、使い勝手が悪くなってしまう。そんなものはもう電子の世界で生存することはできないだろう。

だから、電子の世界で生き抜こうとするのなら、「書籍」を捨てる必要がある。でも、あえて言うなら、出版と印刷の関係者にこの道はお勧めしない。そこは、出版と印刷の世界とてつもなく隔たった世界であり、その世界に骨の髄まで浸り、電子の論理で思考できる人間が山ほどいる。

結局、我々は「書籍」の世界で勝負するしかない。

もちろん、ＷｅｂやＳＮＳという強力なライバルがいる以上、昔と同じことをやっても、縮小を続けるだけだ。ＷｅｂやＳＮＳ、それに電子書籍という方法論もあることを前提に、書籍事業を再構築するしかない。どんなことができるか、それは本書で書いてきたとおりだ。まだ、買っていない方、本書を立ち読みされている方、是非お買い上げください。

若旦那シリーズはこれで五冊目となった。元になったコラムはすでに連載二〇年二四〇回に達している。この長きにわたって、掲載を許してくださった印刷学会出版部に感謝を捧げるとともに、応援してくださっている読者の皆さんにもお礼を言いたいと思う。ことに、本書の企画から販売までお世話になった印刷学会出版部社長の中村幹氏、連載担当とともに、本書の編集を担当していただいた末包愛さんには感謝したいと思う。連載当時は後藤愛美さん、関智紘君にも有益なコメントをいただいた。

本書の内容は、おおむね私の会社でのできごとを題材にしているが、この間、実際に動いてくれたのは社員のみなさんだった。非力な経営者ではあるがここに御礼もうしあげたい。

そして、この連載とともに育った息子達は、二人とも大学生になった。父として非常に嬉しい。ことにネットやゲーム界隈での最新事情については長男明日輝からの情報が役に立った。そして妻、成子は、この間、二人の息子の受験に良き母として関わり、二人を志望校に入れてくれ、公私とも多忙な私を側面から助けてくれた。感謝してしすぎることはない。ありがとう。

最後にこの本を買っていただいたすべてのみなさんに京都から愛をこめて

「まいどおおきに」

注

1 **電子書籍**
電子媒体で読む本。通常は薄いタッチパネルを用いて読むために特化したコンピュータで電子化されたデータを読む。もしくはそうした仕組みそのものを指す。この本自体がその解説ともいえる。

2 **Wikipedia**
インターネット上で百科事典のようにあらゆる用語の解説を行っている。特筆すべきは、紙の百科事典と違い、誰でも修正や、項目追加ができること。そのため正確性には劣るとも言われるが、紙の百科事典でも間違いはあって、それほど正確性に差はないという意見もある。

3 **刷版**
オフセット印刷時に実際に機械に組み付けられる版。通常はアルミ板である。

4 **ブログ**
ウェブログの略。インターネット上に簡単に情報を載せることができるソフトあるいはその仕組み。これによって、コンピュータに習熟していない人でもインターネット上で発言することができるようになった。

5 **チャット**
インターネット上で、キーボードから打ち込んだ文章が相手に表示される。これで文字で会話しているような状態になる。

6 **電算写植**
コンピュータを使って綺麗な印刷版下を出力する装置。あるいはその組版システムのこと。

7 **オンラインジャーナル**
インターネット上で雑誌のように次々記事を掲載していくこと。主に学術雑誌の分野で普及している。

8
版面権

本の内容は著者のものとしても、それを綺麗に整形して本のかたちに整えたのは印刷会社であり、編集したのは出版社である。そこには権利が存在するという考え方。

9
交換フォーマット

データをやりとりするための規格。こうした規格はそれぞれの会社や協会が別々に自社に有利なように作成する傾向がある。そして自社の規格が一般化すれば、非常に有利な立場になれるので規格のフォーマットはしばしば政治的に利用される。

10
EPUB

電子書籍の規格の一つ。今、もっとも普及していて事実上標準規格となりつつある。

11
見返し

表紙と本文の間にはいっている紙。普通は半分は表紙の裏にのり付けされて、半分はページのように扉の前にある。

12
寒冷紗

ハードカバーと本文をつなぐためにはいっている荒く折った布。通常は見ることはない。本の強度を保つために重要。

13
かがり

製本するために糸で各折り丁をつないでいく技法。

14
折丁

本はだいたい一六ページを一単位として大きな紙に印刷される。それを半分、半分、半分と折ることで、一六ページ単位のかたまりとなる。これが折丁で、これを束ねて本にする。

15
全日本印刷工業組合連合会印刷メディア協議会

各都道府県単位の中小印刷業者の集まりである印刷工業組合の全国組織が全日本印刷工業組合連合会で、その中で特に出版印刷業者が集まって、出版印刷に関する諸問題について協議したり討議したりしているのが印刷メディア協議会。

16 **ISO14001**

環境に関するISO（International Organization for Standardization）規格。品質規格のISO9001とともに取得することが一時流行った。

17 **サーバー**

コンピュータのデータを貯めておいて、使用する人の要求に応じて提供するコンピュータ。インターネットのホームページを提供するウェブサーバーなどは常時、要求にこたえるためにスイッチがはいった状態でないと目的をはたせない。

18 **AR技術**

Augmented Reality（拡張現実）のこと。コンピュータによって人間の知覚を拡張する技術。文章では説明しにくい。なぜか印刷屋が熱心で展示会などへ行くと盛んに宣伝している。

19 **SNS**

Social Networking Service　インターネット上で人間の交流を行うサービス。次にでてくる、ツイッターやフェイスブックが代表的である。

20 **ツイッター**

一四〇字以内の文章をつぶやくと、フォロワーと呼ばれる友だちに配信される。フォローを選ぶことで、自分の興味のある情報のみが、友だちというフィルターを通じて厳選されることになる。

21 **フェイスブック**

匿名のＳＮＳがデマや喧嘩の温床になりやすいため、実名主義を採用している。フォローの考え方は同じだが、ツイッターよりも長い文章が打てたり、写真・動画が掲載できる。

22 **グーテンベルク**

Johannes Gutenberg（1398年頃－1468）、活版印刷技術の発明者といわれ、広く知られている。

23 **インキュナブラ（揺籃印刷本）**

一五世紀までにつくられた最初期の活版印刷物。

24 **活版**

活字を使った凸版印刷技法。一字ごとに分解した鉛のはんこを職人が並べて印刷版を形成する。

25 **コンピュータグラフィックス**

コンピュータによってデジタル的に画像や動画を生成する。今のイラストやアニメはコンピュータグラフィックスで作られる場合が多い。

26 **ADSL、光回線**

どちらも高速の通信回線。

27 **元祖百科事典『エンサイクロペディア・ブリタニカ』**

英語の百科事典としては最古のものとされる。学術的に高い評価を受けてきた。

28 **ウォークマン**

携帯型のカセットテープレコーダー。録音機能を省き、持ち運びながらヘッドホンで聴く。常時音楽を聴きながら過ごすという若者のライフスタイルを作り出した機器。「ウォークマン」という名称自身はソニーの登録商標であるが類似の商品が世界中で作られた。

29 **電子ペーパー**

画面表示のための電子デバイスのひとつ。液晶のように透過光でなく、反射光を使うので、紙と同じように視認性がよく消費電力が少ない。

30 **メモリースティック**

小型の情報記録媒体のひとつ。ソニーが中心になって普及を促進していたが、今ではSDカードにシェアを奪われ続けている。

31 **ワード**

Microsoft WORD　マイクロソフト社の発売しているパソコン向けワープロソフト。世界最大のシェアをもち、事実上のデファクトスタンダードである。

32 **インデザイン**

Adobe InDesign　アドビ社の発売しているDTPソフト。こちらもDTPの中では圧倒的シェアをもっている。

33 **iPhone**

アップルの発売しているスマートホン。スマートホン普及の立役者であり、今でもカルト的な人気を持っている。

34 **スティーブ・ジョブズ**

Steven Paul "Steve" Jobs（1955 – 2011）、アメリカ合衆国の実業家でアップル社の共同設立者の一人。自宅のガレージからスタートしたアップルを世界有数の大企業に育て上げた。二〇一一年五六歳で死去。

35 **PDF**

Portable Document Format は、電子上の文書に関するファイルフォーマット。印刷された版面がレイアウトそのまま文書として保存される。印刷版を作る時に二次的にできてしまうので印刷会社は非常に製作が楽である。

36 **孫正義**

（1957 – ）は、日本の実業家。ソフトバンクグループの創業者、代表取締役社長、日本を代表するIT時代の経営者で、積極的な経営姿勢で知られる。

37 **スレートPC**

板状のコンピュータという意味で、キーボードがなくタッチパネルで操作する。ただし今はこの言い方はせず、タブレットPCと呼ばれることが多い。

38 **無線LAN**

無線で使えるLAN（Local Area Network）。ここでは単にネットにつながるという理解でよい。

39 **『もし高校野球の女子マネージャーがドラッカーの〝マネジメント〟を読んだら』**

岩崎夏海による日本の小説。二〇一〇年のベストセラー。女子校生がドラッカーの『マネジメント』を読んで弱小野球部を甲子園に導くという筋立て。その中で経営学者ドラッカーの理論が紹介される。

40 **オタク**

アニメ・SF・パソコンなどの嗜好性の強い趣味や玩具のファンを揶揄して呼ぶ総称。独特の行動様式があるとされる。

41 **萌え**

オタク文化において強い好意を示す用語。「燃え」から転じたと言われる。

42 **画像PDF**

すでにできあがった紙の本をまるまるスキャニングして画像化し、それをPDF（既出35）としてファイル化したもの。本の代替物として画面で読むのには使えるが、電子ファイルとして索引やリンクなど付加的な機能を使うことはできない。

43 **写植**

文字などを印画紙やフィルムに印字して、写真製版用の版下を作る機械、またはその作業全般。印刷会社も総合印刷としてすべての工程を行う会社も多いが、中小零細企業では工程ごとに分離していることが多い。

44 **解像度**

デジタル画像は細かい点に分解できる。その限界の一個一個が画素であり、その画素の密度を示す数値が解像度である。この数値が大きいほど精細な画像となる。

45 **タブレット端末**

板状の画面でキーボードがなくタッチパネルで操作する。既出のスレートPCと同じものだが、最近ではこちらの言い方が主流。

46 **スマホ**

スマートホンの略。携帯電話にパソコン的なメールやインターネットブラウザなどの機能を付加したもの。ただし、あまり携帯電話として使われることがなくなってきている。

47 **ハイパーリンク**

文書内に埋め込まれた他の文書や画像などを表す言葉や画像をネットの中でつなぎ、クリックなどの操作をするとその情報がただちに表示されるいわゆる「リンク」と言われている機能。これができたため、ネットの文章は最初から終わりまで一気に読まれるのではなく、あちこちにたちよりながら読むものになっている。

48 **ジャーナルアーカイブ**

雑誌（ジャーナル）の内容をコンピュータ内に貯蔵しておいて必要に応じて取り出せるようにしたもの。アーカイブとは元々、公記録保管所、公文書、または公文書の保存所といった意味である。

49 **HTML**

Hyper Text Markup Language　インターネットのウェブサイトを記述するための言語のこと。ここでは、PDFのような誌面中心ではなく、インターネットに特化した表示形式であることを言っている。

50 **サムネイル表示**

画像や印刷物ページなどを一覧表示する際に、ファイル名称だけではわかりにくいし、画面では全部を表示できないために縮小させた見本を表示すること。親指（thumb）の爪（nail）のように小さいという意味から来ている。

51 **NLM-DTD**

National Library of Medicine「米国医学図書館」と翻訳されるアメリカ合衆国の医学関係の情報を集約している機関。

ここで世界各国から医学情報を集める際、共通フォーマットに従うことを求めている。それがこのＮＬＭ‐ＤＴＤ。ＤＴＤはDocument Type Definition　文書構造を規定する約束事で、それぞれの用途に応じてさまざまなものが開発されている。

52 **J-STAGE**
独立行政法人科学技術振興機構が運営するオンラインジャーナルのプラットホーム。日本で最大級であり、広く利用されている。掲載は無料。

53 **ＸＭＬ**
Extensible Markup Language（拡張可能なマーク付け言語、JIS X4159-2002）は「タグ」と呼ばれる特殊文字列データを記述するマークアップ言語を定義するためのメタ言語である。インターネットのホームページを記述したり、データベースを作ったりと応用範囲が広い。

54 **多言語ＤＴＤのＪＡＴＳ**
Journal Article Tag Suite NLM-DTD が進化して学術雑誌一般を記述できるようになった。アメリカの政府規格 NISO にまで昇格した。

55 **Acrobat**
Adobe の販売している、ＰＤＦを作成したり、読んだりするためのソフト。

56 **検索エンジン**
インターネットに存在する情報を検索する機能およびそのプログラム。

57 **メタデータ**
検索の対象となるデータを要約したデータのこと。図書館情報学の分野では書誌情報と呼ぶこともある。

58 **フロッピー**
コンピュータの記録媒体の一種で、取り外しが可能で安価だったため、ハードディスクが普及する以前は広く使われた。またデータ交換にも幅広く利用された。現在では他の媒体やインターネットが普及したためほとんど使われない。

59 **手動写植**

写植と同じだが、電算写植と区別する意味で、一字一字手動で採字する方式を手動写植という。

60 **オンデマンド印刷**

要求があり次第すぐに印刷するという印刷システム。主にコンピュータのプリンタやコピー機をおおがかりにしたものが使われる。

61 **Webプリント**

インターネットのホームページから注文をうけつけ、印刷する販売技法。近年急速に伸びている。

62 **電子書籍プラットホーム**

電子書籍を掲載するための場所。いわば本屋にあたる部分。

63 **クラウド**

クラウドコンピューティングの略。雲の中にあるように、ユーザーはアプリケーションやデータがどこにあるか知らなくても、どこからでも必要な情報をネットを通じてひきだし、それを利用してまた格納する。インターネット時代なればこそのコンピュータ資源の使い方。

64 **BASIC**

Beginner's All-purpose Symbolic Instruction Code（初心者向け汎用記号命令コード）コンピュータ言語のひとつ。その名のとおり初心者向け（当時としては）で簡単な言語であり、一九七〇年代から八〇年代の初期のパソコンでよく使われた。

65 **印刷図書館**

印刷及びその関連分野の資料を収集した専門図書館。東京都中央区新富1-16-8 日本印刷会館3F

66
写研
手動写植・電算写植時代に技術的にも、営業的にも成功した会社。写植技術に固執してしまったため、DTP時代以後、目立った活動はない。

67
電子掲示板
コンピュータネットワークを使用して、記事を書き込んだり、閲覧したり、コメントしたりする機能。一時は一世を風靡したが、SNSの発達で廃れてきている。

68
ソーシャルメディア
情報発信技術を用いて誰もが参加でき、社会的つながりを拡げていくように作られたメディア。双方向のコミュニケーションが可能。

69
109フルキー
デスクトップパソコンに備えられた大型のキーボード。数字を入力するテンキーが別についている。

70
CPU
Central Processing Unit　中央演算処理装置。コンピュータが実際に働く場所そのもの、記憶機器や入出力機器の間にあり、コンピュータの性能をもっとも左右する。

71
画素
デジタル画像は細かい点に分解できる。その限界の一個一個がそれである。

72
アンドロイド
Googleによってスマホやタブレットなど向けに開発された基本ソフト。二〇一四年現在、スマホ用の基本ソフトとしては、シェア一位である。

73
USB
Universal Serial Bus　コンピュータ等に周辺機器を接続するため規格の一つ。簡単に接続できるので広く使われている。

74 エクスプローラー

ウィンドウズにおいて、ファイルシステムにアクセスするために使われるソフト。ファイルのコピーや移動が簡単にできる。

75 Ｗｉ－Ｆｉ

無線LANの規格のひとつ。

76 ブルートゥース

デジタル機器用の近距離無線通信規格の一つ。

77 ツール

道具のこと。ここではコンピュータのツールソフトウェアのこと。特定の用途（ここではゲームソフト）のアプリケーションソフトを作るのに必要な道具的なソフトウェアの集まったソフトウェア集合を指している。

78 ネットゲーム

コンピュータゲームをインターネットを通じて複数人数で行うこと。

79 シミュレーションゲーム

実際にある仕事や歴史をコンピュータ上で再現する形式のソフト。市長になって町を運営する「シムシティ」や織田信長になって覇権をめざす「信長の野望」が有名。

80 YouTube

動画を投稿して他人と共有できるサービス。現在はGoogle傘下。

81 Ustream

YouTubeと同じく動画共有サービスであるが、実況中継に特長がある。

82 式年遷宮
定期的に、神社の本殿を立て替えて、御神体を古い本殿から新しい本殿に移しかえること。伊勢神宮では西暦六九〇年から二〇年ごとに行われており、二〇一三年がその年にあたった。

83 DVD
Digital Versatile Disk　デジタルデータの記録媒体で、CDと同じサイズであるが、容量がはるかに大きく映画などの動画収納に使われることが多い。

84 8ミリビデオカメラ
家庭用ビデオの規格である。次にあげるVHSより小さく、ビデオカメラ用として広く普及した。

85 VHS
家庭用のビデオの規格である。単行本ほどのサイズがあるが、長時間録画でき、テレビ録画やビデオソフトとしてもっともよく利用された。

86 DVD-R
録画可能なDVD。

87 4K
現行のテレビ放送よりもさらに解像度が横二倍、縦二倍の四倍となる次世代テレビ規格。

88 プロポーショナルフォント
文字ごとに文字幅が異なるフォントのこと。日本語は漢字もひらがなも文字幅が同じだが、欧文の場合Mとiでは幅が異なる。

89 ロットリング
長い線を正確に同じ幅で引けるペン。ロットリング自身はドイツの会社の社名である。

90 **二次創作**
原作に登場するキャラクターなどを利用して、二次的に創作された、独自の漫画、小説、フィギュアなどの派生作品を指す。

91 **木版印刷**
木の板に刻んだ凸像を印字の原版として使う印刷技法。

92 **金属活字**
金属、特に鉛で文字をひとつひとつ作ったはんこ状のもの。

93 **平版印刷**
凸版でも凹版でもなく、平らな版面を化学変化させて、印字される部分、印字されない部分を作ることで印刷版とする技法。

94 **バブル崩壊**
一九八〇年代後半のバブル景気と呼ばれた景気が一九九一年に一気に冷え込んだこと。この後、小さな回復はあったが、日本の経済は長期の低迷期にはいり、今も回復していない。

95 **凸版印刷機**
活版をはじめとした凸版を印刷するための機械。比較的小さい。

96 **輪転機**
高速大量に印刷するためにシートではなくロール型の用紙を用いて印刷する機械。大型の物が多い。

97 **『大漢和辞典』**
大修館書店から出版されている世界最大の漢和辞典。完成までに、第二次世界大戦をはさんで数十年を要した。諸橋轍次を代表編纂者としたので諸橋大漢和とも呼ばれる。

98 **書体**
文字のデザインを統一して表現したもの。明朝体、ゴシック体など。

99 **初校ゲラ**
印刷する前に、版に組み上がったものを試験的に一度印刷したもの。普通二から三回印刷されるが、最初に印刷されたものを特に初校ゲラという。

100 **磁気テープ**
テープレコーダのようにプラスチックのフィルムに磁性体を塗布した物。初期のコンピュータでは記録媒体としてよく使われた。

101 **フォント**
コンピュータ画面にだしたり、プリントアウトするために使われる文字の形のデータ。

102 **銅版**
活版では写真を印刷するのに銅の板を使っていた。

103 **組版言語**
印刷版を作るために使われるコンピュータ言語。

104 **コマンド**
コンピュータ言語の中で使われる命令語のこと。

105 **プラテン**
平圧印刷機。ローラーでなく全体に均一に圧をかける。機構が比較的簡単で、最近まで使われていた。

106 **母型**
活字が凸版であるが、それを鋳込む元になる凹んだ鋳型。これがあればいくらでも活字は製造できるので、印刷会社の真の財産だった。

107 **JIS**

日本工業規格。ここでは日本工業規格で決められた文字対照コード。

108 **ユニコード**

全世界の文字を統一的規格として定めたもの。

109 **印刷ネット通販**

印刷をインターネットで受注し、完成した印刷物は郵便や宅急便で送るサービス。

110 **グラフィカルユーザーインターフェース（GUI）**

目で見てわかりやすい直感的なコンピュータの表示や操作方法。アイコンをクリックするとたちあがるといった操作方法がそれ。

111 **コマンドライン**

>の後ろにコンピュータに対する命令をキーボードで打ち込む。

112 **クォークエクスプレス**

クォーク社の発売しているDTPソフト。

113 **CEPS**

カラー製版作業をコンピュータで行う統合システム。DTPが登場する以前はカラーを処理するデジタルシステムとして印刷業界に君臨していた。

114 **CID**

アドビ社のCIDフォントが内蔵するすべての文字を識別するため、文字ごとに振られる番号。

115 **無版印刷**

版を作らない印刷技法。ゼロックスコピーが代表的な技法と言える。

116 **水棒はモルトン**
オフセット印刷機は水と油の反発を利用して印刷を行う。インキは油性であるので、インキローラーと同時に水のローラーで刷版表面に水を塗る必要がある。このローラーが水棒である。モルトンは水棒に巻き付ける特殊な布だが、水で湿す装置が発達して現在では布はまず使われない。

117 **プリプレス**
プレス（印刷）の前段階という意味で、組み版や製版などの工程を指す。

118 **二丁付け**
同じものを二つ同じ版に載せること。二倍の速度で刷るのと同じことになる。

119 **粉体トナー**
帯電させた画像に転写して印字するために使われる細かい固体の粉。ここではそれを利用した印刷機械のこと。

120 **インクジェット**
細かい液体インクの粒をとばして、印字する機構。家庭用小型プリンタで多用されてきたが、大型・高速のものが登場してきている。

121 **液体トナー方式**
帯電させた画像に転写して印字するために使われる顔料のはいった液体とそれを使った印刷機構。

122 **バリアブル**
Variable 可変機構。ここでは一枚一枚違ったものを印刷する手法。

123 **SEO対策**
Search Engine Optimization　検索エンジンに拾ってもらいやすいよう、自分のページを最適化すること。

124 **OCR**
Optical Character Reader　本や手書きの文字などを光学的に読み取り、電子コードに変換する機構。

125 QRコード

二次元バーコードの一種。通常のバーコードは横方向にしか読めないのに対し、縦横に情報を持つ。そのため、格納できる情報量が多い。

126 コールドタイプ

活版が溶けた鉛を扱って熱いのに対し、写植は文字盤を写し撮るだけで熱い機構がないのでそう呼ばれた。

初出一覧

『印刷雑誌』（印刷学会出版部）二〇一〇年九月号から二〇一四年九月号掲載「京都の元・若旦那ＩＴ奮闘記」

「「本」ってなに」印刷雑誌二〇一三年一月

「大震災の少年ジャンプ」印刷雑誌二〇一一年六月

「三代の文学全集」印刷雑誌二〇一〇年十一月

「二年目の電子書籍抵抗勢力」印刷雑誌二〇一二年四月

「本を処分する」印刷雑誌二〇一二年三月

「本の解剖学」印刷雑誌二〇一〇年十二月

「紙の復権」印刷雑誌二〇一二年五月

「電子書籍の作り方」印刷雑誌二〇一〇年十月

「電子書籍で『我、電子書籍の抵抗勢力たらんと欲す』を出す」印刷雑誌二〇一一年七月

「iPad ブーム」印刷雑誌二〇一〇年九月

「iPad の実用性」印刷雑誌二〇一一年三月

「画面は横長、紙面は縦長」印刷雑誌二〇一一年二月

「電子書籍と明朝体」印刷雑誌二〇一二年一月

「電子マンガの次巻はまだか」印刷雑誌二〇一四年二月
「日本語オンラインジャーナルを目指して」印刷雑誌二〇一二年二月
「PDFではなぜだめか」印刷雑誌二〇一二年十月
「若旦那の電子書籍二年」印刷雑誌二〇一一年一月
「電子出版EXPOに見る印刷屋の未来」印刷雑誌二〇一一年九月
「今日からスマホ」印刷雑誌二〇一一年五月
「日曜研究者はネットで」印刷雑誌二〇一三年六月
「次はフェイスブック」印刷雑誌二〇一一年十二月
「四年目のパソコン」印刷雑誌二〇一二年四月
「ベッドサイドのタブレット交替」印刷雑誌二〇一二年八月
「どこでもコンピュータ」印刷雑誌二〇一二年十一月
「大人になったIT少年」印刷雑誌二〇一三年二月
「スカイプでTV会議」印刷雑誌二〇一三年三月
「かみたのみの終焉」印刷雑誌二〇一三年四月
「電子式年遷宮挙行」印刷雑誌二〇一三年十一月
「方眼紙エクセル」印刷雑誌二〇一四年六月

「初音ミクを知っていますか」印刷雑誌二〇一四年九月
「活版博物館から」印刷雑誌二〇一四年七月
「モノタイプを知っていますか」印刷雑誌二〇一一年十月
「寅さんとタコ社長」印刷雑誌二〇一四年三月
「マッキントッシュ三〇年」印刷雑誌二〇一四年四月
「IVSで漢字コード問題は終わるか」印刷雑誌二〇一一年十一月
「CTP三代目」印刷雑誌二〇一三年十月
「オフセットの搬出」印刷雑誌二〇一三年十二月
「drupa へ行こう」印刷雑誌二〇一二年七月
「印刷機メーカーさんへ」印刷雑誌二〇一二年九月
「本はまず機械が読む」印刷雑誌二〇一四年五月
「たかが名刺されど名刺」印刷雑誌二〇一二年十二月
「「紙の」校正」印刷雑誌二〇一四年八月
「卵の殻」印刷雑誌二〇一三年五月
「業態変革という名の空中戦」印刷雑誌二〇一三年八月
「私が前進しているのである」印刷雑誌二〇一四年一月

第二章コンピュータで情報を読む　「デジタル時代の本のかたち」書き下ろし
第三章インターネットと人間　「ＩＣＴで便利な世の中」書き下ろし
第四章本の未来をめぐる攻防　「本づくりの歴史」書き下ろし

中西 秀彦

1956年生。1980年京都大学文学部心理学科卒業、株式会社社会行動研究所勤務後、1985年中西印刷株式会社入社、1993年、同社専務取締役。1999年−2000年・2012年−立命館大学非常勤講師（情報化社会論、図書・図書館史）、2002年−大谷大学非常勤講師（情報社会論）、2005年−日本ペンクラブ電子メディア委員、2009年−同言論表現委員。

著書『活字が消えた日』　晶文社　1994年
『印刷はどこへ行くのか』　晶文社　1997年
『印刷屋の若旦那コンピュータ奮闘記』　印刷学会出版部　1998年
『印刷屋の若旦那コンピュータ奮闘記　Part2』　印刷学会出版部　2002年
『本は変わる！—印刷情報文化論—』　東京創元社　2003年
『活字のない印刷屋』　印刷学会出版部　2006年
『我、電子書籍の抵抗勢力たらんと欲す』　印刷学会出版部　2010年
『学術出版の技術変遷論考』　印刷学会出版部　2011年

電子書籍は本の夢を見るか
—本の未来と印刷の行方—

二〇一五年二月一〇日　初版第一刷発行
定　価　本体一六〇〇円＋税
著　者　中西 秀彦
発行所　株式会社印刷学会出版部
〒一〇四−〇〇三二
東京都中央区八丁堀四−二−一
電　話〇三−三五五五−七九一一
ＦＡＸ〇三−三五五五−七九一三
info@japanprinter.co.jp
http://www.japanprinter.co.jp
組版・印刷・製本　中西印刷株式会社
本書をお読みになった感想や、ご意見ご要望を
eメールなどでお知らせ下さい。

ISBN978-4-87085-218-1